A Bob Daly y Frank Dines, dos grandes ejemplos de lo que deben ser los buenos amigos. Y, como siempre, a Stacey.

H. W.

Para Oliver Baker, ilustre lanzador y queridísimo hijo mediano.

L. O.

Título original: *The Zippity Zinger*

Publicado por acuerdo con Grosset & Dunlap, una división de Penguin Young Readers Group, miembro del Penguin Group (USA) Inc.

Juan Ignacio Luca de Tena, 15
28027 Madrid
www.brunolibros.es

Dirección editorial: Trini Marull
Traducción: Daniel Cortés Coronas
Edición: María José Guitián
Preimpresión: Alberto García
Diseño de cubierta y guardas: Miguel A. Parreño (MAPO DISEÑO)
Ilustraciones: Santy Gutiérrez

ISBN: 978-84-216-8442-9
D. legal: M-16.789-2010
Impresión: Huertas Industrias Gráficas, S. A.

SAM ZIPPER

UN CRACK INCOMPRENDIDO

Los calcetines de la suerte

Henry Winkler

Lin Oliver

Bruño

¡Hola! Me llamo Sam, Sam Zipper. Bueno, en realidad me llamo Samuel Daniel Zipper y ya sé que tengo un nombre muy rimbombante, así que por eso me gusta que me llamen Sam a secas.

Vivo en Nueva York con mis padres y mi hermana, que es sencillamente repelente y tiene una iguana asquerosa. Cuando os cuente dónde pone la lengua (la iguana, no mi hermana), alucinaréis... Yo, sin embargo, tengo un perro salchicha que se llama *Rosco* y mola un montón (salvo cuando se pone a dar vueltas, claro; entonces, si le miro mucho rato, hasta me mareo).

Además tengo un abuelo estupendo y dos amigos geniales, Frankie y Ashley.

Y, por desgracia, también tengo una profesora que se empeña en hacerme la vida imposible y mandarme al despacho del director cada dos por tres. ¿Y qué he hecho yo para merecer eso? Pues nada, porque yo me esfuerzo en clase, lo intento con toda mi alma, pero debo de tener el cerebro medio *endredado*, porque confundo las letras y los números… ¿Veis?, ya me ha pasado otra vez: he escrito *endredado*, y no enredado… Menos mal que la señora Adolf jamás leerá esto; si no, ya estaría castigado.

En fin, creo que para animarme un poco tendré que ir a por un sándwich gigante o a por unas cuantas galletas mitad chocolate mitad vainilla al Pepinillo Crujiente. ¿Me acompañáis?

CAPÍTULO 1

—¡Mamá! ¡No me quedan calcetines! —grité hacia el pasillo.

El cajón de los calcetines estaba completamente vacío. Bueno, en realidad era un decir, porque había algunas cosas dentro, como un trozo de regaliz rojo que dejé allí en Halloween, un calzador que utilizamos para embutir mis pies en un par de zapatos de etiqueta para enanos que tuve que llevar en la boda de mi prima, y unas cuantas pelotitas de goma de esas que botan un montón.

A lo que iba con todo esto es a que no había calcetines en mi cajón. Eso era grave porque mi abuelo, Papá Pete, iba a venir a buscarme para practicar lanzamientos de béisbol, cosa que no se puede hacer sin calcetines.

—¡Mamá! —chillé otra vez—. ¡Necesito calcetines!

Mi madre se asomó a mi habitación.

—¿Qué dices, Sam? Con esto no te oigo —dijo, señalándose las orejas.

Me pregunté por qué no podía oír con las orejas. ¿Con qué otra cosa iba a oír? ¿Con la nariz? Me fijé mejor y vi que en realidad estaba señalando unos auriculares diminutos. Al principio no los había visto porque los tapaba su pelo, que es rubio y rizado y le cae por los lados como si llevase orejeras.

—¿Qué estas escuchando? —le pregunté, subiendo la voz.

—Las olas —contestó.

—¿Es uno de esos grupos ochenteros que te gustan?

—No, es el sonido de las olas chocando contra las rocas.

Toma ya. Luego dicen que nosotros escuchamos cosas raras. Al menos, la música que a mí me gusta se puede bailar. Aunque en realidad yo no bailo. Al menos, en público.

—Las olas me preparan mentalmente para la clase de yoga —me explicó mi madre—, a la que voy a llegar tarde, por cierto.

Dicho esto, se fue hacia la puerta.

—Espera, mamá, no te vayas todavía. Me he quedado sin calcetines.

—¿Y te has dado cuenta ahora?

—No, me di cuenta ayer, y por eso hace dos días que llevo el mismo par.

—Acabo de lavar todos tus calcetines. Mételos en la secadora y podrás ponértelos.

—Tengo diez años, mamá. No sé meter las cosas en la secadora.

—Es muy fácil, Sam —dijo ella, riéndose. A mi madre le parezco gracioso aunque no sea mi intención—. Baja al lavadero, saca la ropa de Emily de la secadora, métela en el cesto y traslada tu ropa de la lavadora a la secadora. Hay cuatro monedas en la mesa de la cocina, al lado del detergente. Mételas en la ranura, aprieta el botón y..., ¡tachán!, la máquina se pone en marcha. ¿Ha quedado claro?

—Como el agua, mamá. Lavadero, cesto, monedas, ranura. Entendido.

Mi madre se fue para su clasc al piso de mi mejor amigo, Frankie Townsend, que está cuatro plantas más abajo. La madre de Frankie es instructora de yoga, y es una máquina. Puede inclinarse con los brazos estirados y tocar el suelo con los codos. Una vez intenté hacerlo, pero me caí de cabeza y los pantalones se me rajaron por cierta parte. De pronto, los bajos tenían aire acondicionado incorporado, no sé si me explico…

La señora Townsend nos había enseñado a Frankie y a mí un par de trucos muy útiles, como, por ejemplo, que respirar hondo te ayuda a relajarte cuando estás muy agobiado. Yo mismo lo hice en mi último examen de mates, y funcionó de maravilla. Me quedé muy relajado... hasta que vi la nota. Suspender tiene algo que te quita la relajación al instante.

Miré la hora. Papá Pete iba a llegar al cabo de diez minutos, así que tenía que darme prisa. A él le apetecía mucho practicar lanzamientos de béisbol conmigo, aunque, para ser sinceros, a mí no me hacía tanta ilusión. Me gusta ver partidos de béisbol, sobre todo cuando juega mi equipo, los New York Mets, pero jugar no se me da tan bien. De hecho, soy un manta. Y, cuando digo manta, no me refiero a una manta chiquitita, sino a una manta enorme que serviría para abrigar a un regimiento. Soy incapaz de lanzar. Soy incapaz de batear. Y soy incapaz de atrapar pelotas. Y en béisbol no se puede hacer mucho más… Es para morirse de vergüenza. A veces parece que toda mi clase, toda la escuela y todo el mundo sepa jugar al béisbol menos yo.

Papá Pete dice que solo necesito un poco de práctica, pero yo digo que lo que necesito son dos brazos nuevos, dos piernas nuevas y un cerebro que los haga funcionar como es debido.

Al principio le dije que no me apetecía practicar, pero entonces mi abuelo comentó que se pasaría por el Pepinillo Crujiente, la tienda de ultramarinos con cafetería que tiene mi madre, y pillaría unos encurtidos para picar después.

Los pepinillos son nuestro aperitivo favorito. A veces nos sentamos juntos en el balcón de casa y nos comemos un bote entero. Papá Pete, que llevaba el local antes de pasárselo a mi madre, es un experto eligiendo los pepinillos más crujientes. Supongo que la imagen de esos pepinillos verdes y crujientes pudo más que mis pocas ganas de lanzar con mi brazo inútil, y por eso le dije a Papá Pete que se pasara a buscarme.

El lavadero es un cuartito que está en el sótano de nuestro edificio. Mis amigos y yo tenemos un club particular que está también en el sótano, a unas pocas puertas de distancia del lavadero. Tengo tanta suerte que Frankie y mi mejor amiga, Ashley Wong, viven en el mismo edificio que yo.

Me llevé a *Rosco*, mi perro salchicha loco, al sótano. No porque tuviera miedo ni nada, sino para que me hiciera compañía. Te partes de risa con él cuando empieza a perseguirse la cola. Se pone a girar tan rápido que parece un rosco de verdad, y por eso le pusimos ese nombre.

Salí del ascensor y seguí el olor a jabón hasta el lavadero. Cuando entré, allí estaban las máquinas, esperándome.

«¿Qué me ha dicho mamá? Que saque la ropa de mi hermana de la secadora».

Hecho.

«Que la meta en el cesto blanco de plástico y traslade mi ropa de la lavadora a la secadora».

Hecho.

«¿Me he acordado de las monedas que hay que meter en la máquina?».

«Sí, me he acordado. Adelante, Sam».

No se me da especialmente bien recordar instrucciones. De hecho, soy casi tan manta con eso como con el béisbol. No, puede que incluso más. Por eso, me sentí muy orgulloso de haberme acordado de todo lo que mi madre me había dicho que hiciera.

Encendí la secadora, cogí el cesto de plástico y puse a *Rosco* dentro, encima de la ropa caliente. Le encanta sentarse encima de cosas calientes. Después, corrí al ascensor. No quería hacer esperar a Papá Pete.

Cuando llegué a nuestro piso, dejé el cesto en el suelo y busqué unos calcetines dentro.

—¡Eres tonto de remate, Sam! —me dije a mí mismo en voz alta.

Todavía no tenía calcetines. Estaban todos en la secadora.

Entonces sonó el timbre y oí la atronadora voz de Papá Pete al otro lado de la puerta.

—¿Está listo mi beisbolista favorito? —bramó—. Tu fan número uno te está esperando.

—Un segundo, Papá Pete —respondí.

Sin pensar en lo que hacía, me quité las zapatillas de una patada, cogí el primer par de calcetines que había en la colada y me los puse sin prestar atención.

Al ponerme las deportivas, vi por primera vez los calcetines que había elegido al tuntún.

«¿Estos son tus pies, Sam? Porque, si lo son, estás a punto de morirte de vergüenza».

Una cosa está clara: yo no tengo calcetines rojos..., ¡y menos aún calcetines rojos con monos rosas cosidos en ellos! Sin embargo, eso era lo que tenía en los pies. ¡CALCETINES DE CHICA ROJO CHILLÓN CON MONITOS ROSAS!

Empecé a dar botes como si se me quemaran los pies, intentando deshacerme de aquellos calcetines con monitos antes de que se me quedaran pegados a la piel para siempre. Creo que solté un quejido, o, mejor dicho, un grito. Era como si un monstruo invisible me hubiera obligado a ponérmelos.

¿Os imagináis lo que pasaría si alguien me viera con los calcetines de mi hermana? Tendríamos que mudarnos a otra ciudad. ¡No, a otro estado! ¡Qué digo, a la otra punta del país! Tendría que cambiar de nombre, teñirme el pelo e incluso llevar una máscara.

Los calcetines de monitos estaban mirándome fijamente, y os juro que se estaban riendo.

CAPÍTULO 2

DIEZ RAZONES POR LAS QUE NO ME PONDRÍA NI MUERTO LOS CALCETINES DE MONITOS DE MI HERMANA (NI LOS CALCETINES DE MONITOS DE NADIE)

1. Los monos deberían vivir en los árboles, no en los tobillos de la gente.
2. Los calcetines deberían ser blancos, a menos que vayas a la boda de tu prima y tus padres te obliguen a llevar calcetines negros.
3. Nunca he visto a un jugador de los Mets que luzca ningún miembro del reino animal por debajo de las rodillas.
4. Si Nick McKelty, el matón de mi clase, supiera que me había planteado siquiera la posibilidad de ponerme unos calcetines rojos con monitos rosas, todos los días del resto de mi vida diría lo siguiente cada vez que me viera: «Por ahí viene Sam el Mono».
5. El punto cuatro es tan horrible que ocupa también el punto cinco.

6. Si Nick McKelty, McChinche para entendernos, se cansara de llamarme Sam el Mono, sería para decir: «¿Vas a comerte un plátano y a colgarte de la lámpara por la cola?».

7. En realidad, colgarme de la lámpara podría tener gracia, porque podría lanzar pieles de plátano a la cabeza de Nick. (Ya sé que esto no es una razón, pero es divertido pensarlo).

8. Os lo voy a decir otra vez: eran monos ROSAS en calcetines ROJOS. ¿No es eso razón suficiente?

9.

10.

Me he saltado los puntos nueve y diez porque mi cerebro dejó de pensar razones después del ocho. A veces me pasa eso. No hay forma de convencer a mi cerebro. Cuando no quiere seguir, no sigue.

CAPÍTULO 3

Antes de abrir la puerta, miré por la cerradura para asegurarme de que el que llamaba era Papá Pete. Poniéndome de puntillas, alcancé a ver un manchurrón grande y rojo en el rellano. Entonces se filtró por debajo de la puerta un aromilla de ajo y vinagre. No había duda: era Papá Pete, que llevaba el chándal rojo de los domingos y una bolsa de pepinillos con ajo y eneldo.

Abrí la cerradura superior y luego la inferior, y entonces mi abuelo entró en el piso de un salto y cerró la puerta tras él.

—¡Justo a tiempo! —exclamó—. La señora Fink quiere invitarme a su casa para que pruebe su *strudel* de cerezas.

La señora Fink es la vecina de al lado, y siempre está preparando tartas para Papá Pete. Una vez oí a mi madre decirle a mi padre que le parecía que la señora Fink quería tener un romance con Papá

Pete. Cuando oí semejante cosa, me tapé los oídos y empecé a gritar «la-la-la, la-la-la» muy fuerte para no escuchar el resto de la conversación. Os aseguro que habríais hecho lo mismo en mi lugar. En realidad, la señora Fink es muy simpática. Lo que pasa es que, cuando aparece por el rellano, siempre lleva puesta su enorme bata rosa, pero no su dentadura postiza. Ese hecho, por sí solo, ya basta para que la idea del romance me parezca impensable.

—¡Verás qué bien lo pasamos, Sammy! ¡Va a ser un día muy productivo! —dijo mi abuelo. Entonces me agarró la mejilla entre los dedos índice y pulgar y me la pellizcó—. ¿Te he dicho alguna vez que me encanta este moflete y todo lo que viene con él?

—Un millón y diez veces, nada más —le contesté.

—Bueno, pues entonces ya son un millón y once veces —replicó, y se rio mientras entraba en la cocina y metía la bolsa de pepinillos en la nevera—. ¿Estás listo ya? ¡Vámonos al parque! —gritó desde la cocina.

—No puedo salir de casa, Papá Pete. ¡No tengo calcetines! Todavía están abajo, en la secadora.

—Para cada problema hay una solución —afirmó mi abuelo mientras volvía al salón.

—Para este, no. Los únicos calcetines que puedo ponerme son estos —confesé, y me levanté los pantalones para enseñarle los calcetines de Emily.

—¿Te quedan bien? —me preguntó.

—Sí —respondí—, ¿y qué?

—Pues que los llevarás para ir al parque. Quedarán escondidos por los pantalones, y con esa carita que tienes, ¿quién va a fijarse en tus pies?

—Ni hablar, Papá Pete. Mi cuerpo no va a salir de este piso, y punto.

—Escúchame, Sammy. Quieres aprender a lanzar, ¿no? Pues hoy es el día. ¡Lo presiento!

—¿Sabes cuántos chavales que conozco van a estar en el parque? —Negué con la cabeza y le dije—: Gracias, pero no, Papá Pete. Siento que hayas hecho todo el camino hasta aquí para nada.

—Espera un momento —repuso Papá Pete, retorciendo su gran bigote con los dedos—. Algo me dice que estás intentando zafarte porque crees que no se te da bien el béisbol.

Preferí no contestarle.

—Sammy, yo nunca te mentiría, y te aseguro que cada vez que practicamos, mejoras.

—Atrapo las bolas como una niña de cinco años con los ojos vendados —repliqué—. Acéptalo, Papá Pete, no soy un buen deportista, y nunca lo seré.

—¿No me habías dicho por teléfono que en tu colegio iba a haber un gran partido de béisbol esta semana?

—Es la Olimpiada Escolar. Las pruebas para entrar en el equipo de béisbol son mañana.

—¿Y tú quieres jugar?

—Sí, es mi sueño —contesté—. Pero soy un desastre. No voy a presentarme a las pruebas.

Papá Pete me puso una de sus manazas sobre la cabeza y me dijo:

—Aquí dentro no tiene que haber más que pensamientos positivos. No conseguirás nada si no crees que puedes conseguirlo. Hala, vamos a practicar.

—¿No te olvidas de estos? —dije, señalando los monos, que seguían mirándome fijamente desde mis tobillos.

Papá Pete apuntó al techo con un dedo y lo movió en círculos, como hace siempre que tiene una gran idea.

—Iremos a practicar al patio que hay saliendo del sótano. Allí estaremos solos. Podrás llevar calcetines de monos o de rinocerontes y nadie te verá. Asunto zanjado.

Papá Pete es experto en encontrar siempre las mejores soluciones. Corrí a mi habitación, cogí mi guante de béisbol y salí volando al rellano.

¡Uy! Solo entonces, cuando apreté el botón del ascensor, me di cuenta de que me había olvidado de algo muy importante. Di media vuelta y abrí la puerta del piso. Papá Pete estaba allí plantado, dando golpecitos con el pie en el suelo.

—¿No te olvidas de algo? ¿Por ejemplo, de mí? —dijo.

Salimos otra vez y nos metimos en el ascensor. Justo entonces vimos a la señora Fink saliendo de su piso. Llevaba un *strudel* de cerezas en la mano y tenía la boca cerrada, por lo que no supimos si se había puesto la dentadura o no.

Papá Pete me lanzó una gran sonrisa mientras se cerraba la puerta del ascensor.

—Salvados por el béisbol —dijo, y estuvimos riendo todo el camino de bajada al patio.

CAPÍTULO 4

—¡Aquí! —bramó Papá Pete, golpeando con el puño el centro de su guante—. ¡Dale justo aquí!

Estábamos los dos solos en el patio. Nuestro edificio se alzaba sobre nosotros hacia el cielo en tres de los lados, y el cuarto muro estaba formado por los ladrillos del edificio contiguo. Era un rincón muy silencioso y tranquilo. El patio estaba empezando a llenarse del olor a la comida del domingo que estaban preparando los vecinos. Todo apuntaba a que la señora Park estaba haciendo costillas a la barbacoa, y me pareció oler salchichas y pimientos asándose en la cocina del señor Grasso. Los domingos, la abuela de Ashley siempre prepara unas sopas buenísimas con trocitos de cerdo y col china flotando como deliciosos barquitos. Estaba pensando en los tropezones flotantes cuando de pronto me di cuenta de que Papá Pete estaba diciéndome algo.

—Sam, ¿dónde estás? —gritó—. ¿Vamos a practicar o vamos a pensar en las musarañas?

—Lo siento, Papá Pete, estaba pensando en los tropezones de las sopas de la abuela de Ashley —contesté.

Mi abuelo se acercó a mí y me puso una mano sobre el hombro.

—Tienes que despejar la mente de todo lo que no sea la bola. La clave para lanzarla es la concentración. Tienes que fijar la mirada en el objetivo y mantener la mente allí. El cuerpo sigue a la mente. El brazo sigue al cuerpo. Y la bola sigue al brazo. Así de sencillo.

—Sencillo para ti —protesté con energía—. Está claro que a ti no te llega el olor a sopa de la señora Wong.

—Cada cosa a su tiempo. Ahora se juega y luego se come. —Papá Pete me pasó la bola y dijo—: Mantén la vista en el centro de mi guante y lanza con fuerza.

Mi abuelo volvió a la otra punta del patio y se acuclilló como un receptor detrás de la cañería de metal que estábamos usando como base de meta. Acomodé la pelota en mi mano.

«Bueno, vamos allá», me dije.

Miré fijamente el guante de Papá Pete, subí el brazo por detrás de la oreja, lo hice girar hacia delante como el aspa de un molino y solté la bola sin esperar otra cosa que mi lanzamiento habitual, que apenas suele llegar a la base de meta.

Pero entonces, ¡zas!, la pelota salió disparada de mi mano y dio justo en el guante de Papá Pete. Fue un lanzamiento rápido, fuerte y directo.

—¿Qué ha sido eso? —pregunté, atónito.

—¡Qué barbaridad, Sam! —exclamó Papá Pete.

Sin pronunciar ni una palabra más, lanzó la bola de nuevo hacia mí y se puso el guante otra vez. Yo la atrapé, tomé impulso y la lancé en mano baja. ¡ZAS! La pelota voló como una flecha y fue a parar justo al centro de su guante... otra vez.

—Disculpe, señor profesional —dijo Papá Pete—. ¿Se ha tomado una pastilla para lanzar pelotas esta mañana?

—¡No! No sé lo que está pasando —respondí, y me miré las deportivas. Allí estaban: los calcetines rojos de mi hermana, con los monos medio escondidos por mis pantalones. Un pensamiento me cruzó la cabeza—. ¡Oye, Papá Pete! —grité—. ¡Tírame la bola, por favor! Quiero comprobar una cosa.

«No puede ser. No..., no es posible», pensé.

Papá Pete me lanzó la pelota y la sostuve en mi mano. La giré hasta que la costura quedó justo en la punta de mis dedos. Mi abuelo se puso en cuclillas y extendió su mano enguantada frente a él.

—No apuntes, solo lánzala.

Tomé impulso como la última vez y dejé que la pelota saliera volando. Atravesó el patio como una bala y se estampó justo en el centro del guante de Papá Pete. Yo no había hecho nada distinto a lo que hacía cuando practicábamos en el parque… El mismo movimiento para tomar impulso. El mismo lanzamiento. Pero esta vez lo estaba bordando. ¿Por qué? Solo una cosa había cambiado.

«¡Está claro! ¡No puede ser otra cosa! ¡Son los calcetines!».

—¡Sammy, ya te he dicho que hoy era tu día! —comentó entusiasmado Papá Pete—. ¡Sabía que podías hacerlo!

Yo estaba tan impresionado que me quedé sin palabras. Había hecho un lanzamiento perfecto y la pelota había ido a parar justo adonde yo quería.

No hay palabras para describir la oleada de emoción que me recorrió el cuerpo. Me prometí

a mí mismo no olvidarla nunca. Seguí practicando con Papá Pete. No quería parar. Diez lanzamientos. Veinte lanzamientos. Casi todos fueron precisos, directos y rápidos. Que los lanzadores más famosos de la historia del béisbol se bajasen del montículo, porque había llegado Sam Zipper, el hombre con el brazo de acero.

De pronto, la puerta que comunicaba el patio con el sótano se abrió, y Ashley y Frankie salieron corriendo por ella.

—¡Sam! —gritó Ashley, recolocándose las gafas sobre la nariz—. ¡Si no lo veo, no lo creo!

—Nos has tenido engañados, Zip —dijo Frankie, chocando su mano con la mía—. ¿Por qué nos habías dicho que no sabías lanzar? No es eso lo que hemos visto…

—Estábamos arriba, ayudando a mi abuela a cortar verduras para la sopa, cuando hemos empezado a oír ese «zas, zas, zas» —dijo Ashley—. Hemos mirado por la ventana y te hemos visto a ti haciendo esos lanzamientos. ¡Qué calladito te lo tenías, Sam!

—Si os digo la verdad, nunca había lanzado así. No sé qué me ha pasado —contesté. No podía decirles lo de los calcetines. Me habrían tomado por loco.

Entonces Papá Pete llegó desde la otra punta del patio. Se acercó a Frankie y a Ashley y les pellizcó los mofletes.

—¿Cómo están mis nietos? —dijo.

Aunque no son sus nietos, él los llama así, y a ellos les encanta. Todos los niños del planeta querrían ser sus nietos, o al menos todos los niños a los que les gusten las piruletas, los helados de muchas bolas, los abrazos enormes y las fichas gratis para los videojuegos.

—¿Habéis visto qué brazo tiene este chico? —preguntó, dándome uno de esos abrazos enormes de los que hablaba antes.

—¡Zipilipi, que te van a fichar los Yankees! —dijo Frankie.

—Querrás decir que me van a fichar los Mets —le corregí. Es increíble que Frankie y yo sigamos siendo tan buenos amigos cuando él es fan de los Yankees y yo de los Mets.

—Da igual quién te quiera fichar, porque antes te quiero de lanzador en mi equipo para la Olimpiada —dijo Ashley.

—¿Y qué equipo es ese? —quiso saber Papá Pete.

—El equipo amarillo —respondió mi amiga, volviéndose hacia él—. Tienes delante a la primera chica entrenadora de un equipo de béisbol en la historia del Centro de Educación Primaria 87 —añadió con orgullo.

—Pues me quito el sombrero —replicó Papá Pete, quitándose la gorra en honor de Ashley—. Siempre he sabido que un día serías alguien importante.

—Hola, chicos —dijo en ese momento una voz nasal desde detrás.

Era Robert, alias el Bonsái, un pesado de tercero. Había conseguido encontrarnos. Da igual en qué parte del edificio estemos, porque Robert siempre nos rastrea, igual que los ratones rastrean los quesos, y se empeña en apuntarse a lo que sea que estemos haciendo. Es como nuestra sombra. Una sombra esquelética, infatigable y con mocos.

—A lo mejor os gustaría oír una breve historia de la Olimpiada —propuso Robert.

—A lo mejor puedes ahorrártela, colega —dijo Frankie.

Por desgracia, cuando al Bonsái se le mete en la cabeza contarte algo, no te queda más remedio que oírlo hasta el final. Ese chaval tiene una grabadora por cerebro, y cuando le da al botón de «Play», ya no hay forma de hacerle callar.

—La Olimpiada es una competición abierta a los estudiantes del Centro de Educación Primaria 87 que ha llegado a su vigesimoséptima edición este año. Los alumnos de todos los cursos a partir de tercero forman parte del equipo amarillo o del equipo azul —recitó Robert como si tuviera puesto el piloto automático.

Todos empezamos a bostezar, pero eso no desanimó al bueno de Robert, no, señor.

—Participamos en tres competiciones que ponen a prueba nuestro cuerpo, nuestra mente y nuestro espíritu. El partido de béisbol es la prueba tradicional para el cuerpo, el Test Rompecocos es la prueba para la mente, y la Triple P es la prueba del espíritu.

—Eso de la Triple P parece cosa seria —terció Papá Pete.

—Pues sí, muy seria —contestó Robert—. Viene de Prueba de Pulcritud y Perfección. El año pasado, Terry Sladnick marcó un hito en esta modalidad lavándose el pelo todos los días del curso escolar, fines de semana incluidos, sin que se le abriera ni una sola punta. Eso sí que es pulcritud y perfección.

—¿Has acabado el discurso, Robert? —dijo Ashley—. Porque tengo cosas que hablar con Sam.

—En realidad, tengo más cosas que decir —respondió Robert.

—En realidad, no —replicó Frankie—. Porque, si lo haces, voy a tener que atarte los labios con una cinta roja y mandarlos de regalo por Navidad.

—Sam, quiero que seas lanzador en nuestro equipo —dijo Ashley, yendo directa al grano. Ella es la representante de Abrakadabra 3, nuestro grupo de magia, y le ofrecimos ese puesto porque, a la hora de hablar de negocios, no hay quien la supere—. Serás nuestra arma secreta.

—Deja que te tome la temperatura, Ash —le dije—. Es la idea más loca que he oído nunca. Hazme caso, lo de hoy ha sido potra.

—Venga, Sam. Si lo has hecho una vez, puedes hacerlo otra —insistió ella.

—Estoy de acuerdo —la secundó Papá Pete—. No paro de decirle que tiene a un gran jugador de béisbol dentro, esperando el momento de salir.

—Pues ya podemos decirle hola, porque acaba de salir —afirmó Frankie.

Aunque Ashley y Frankie son mis mejores amigos, no podía decirles la verdad. Parecía de locos. De la noche a la mañana, había pasado de ser el peor lanzador de la historia a ser un crack del béisbol. Y la explicación eran los calcetines rojos de monitos de mi hermana. Ya lo veis, hasta a mí me parece una locura, y eso que soy yo quien lo está diciendo.

—¡Uy!, acabo de acordarme de que tengo la ropa en la secadora —dije—. Tengo que irme, chicos. Ya nos veremos.

—¡Sam! —me llamó Ashley mientras yo corría hacia la puerta.

—No puedo hacerlo, Ashley —le contesté sin girarme siquiera.

Papá Pete y mis amigos se quedaron allí plantados, mirándose entre sí.

Justo cuando la puerta del edificio se cerraba detrás de mí, oí que mi abuelo les decía:

—Ya hablo yo con él.

—Pues buena suerte —contestó Frankie—. Conozco a Zip, y no me parece que esté para escuchar a nadie.

CAPÍTULO 5

Aquella tarde, mientras nos zampábamos los pepinillos, Papá Pete intentó convencerme de que aceptara ser lanzador en el equipo amarillo. Le dije que no. Con o sin calcetines de monitos, uno tiene que conocer sus límites.

No sé si os lo he comentado antes, pero tengo problemas de aprendizaje: en concreto, dislexia. En el colegio hay cosas que me cuestan mucho, como la lectura, las mates y la ortografía. Y fuera del colegio también hay cosas que me cuestan mucho, como lanzar o atrapar pelotas. Me tengo que concentrar en tantas cosas que mi mente se queda como en blanco. Mi cerebro y mis manos parecen no escucharse.

En realidad, no soy malo para todos los deportes. El que mejor se me da es el tiro con arco, que practiqué este verano en un campamento. Hasta gané una medalla de Maestro Arquero por dar en el blanco diez veces seguidas. Lástima que no viva en la época de Robin Hood, porque habría sido un tío molón, corriendo por ahí con unas mallas verdes y disparando flechas con mi arco para proteger a la gente. Pero hoy en día un tío molón con arcos y flechas no sería muy bien aceptado en mi barrio.

Cuando Papá Pete se hubo marchado, me fui a mi habitación a estudiar para el examen de Sociales. Me tumbé en mi litera con los auriculares puestos y el libro abierto por la parte de los indios *hopi*. Había una foto muy interesante de la casa más antigua de los Estados Unidos, que se construyó para el jefe *hopi* hace casi mil años. Miré la foto un buen rato, pensando en todas las cosas que no tenían entonces: váteres, tablas de *skate*, pasta de dientes, móviles, gofres… Y claro, aunque hubieran tenido gofres, no habrían podido calentarlos porque no tenían tostadoras.

—¡Sam! ¿Cuántas veces tengo que llamarte? —oí gritar a mi padre entonces a pesar de los auriculares. Me dio unos toquecitos en el hombro y pegué un bote de la impresión.

—No hagas eso, papá. ¡Me has asustado!

—Llevo cinco minutos llamándote —dijo él.

—Estaba estudiando.

—¿Con los auriculares puestos? No deberías escuchar música mientras estudias. ¿Cuántas veces tengo que decírtelo?

—No estoy escuchando música —respondí—. Mira, compruébalo tú mismo.

Le pasé los auriculares a mi padre y se los puso.

—¿Qué es? —me preguntó.

—Es la doctora Berger, leyendo en voz alta nuestro libro de Sociales.

La doctora Lynn Berger es la especialista en aprendizaje de mi colegio, y a veces ella y yo nos reunimos para buscar la mejor forma de que yo pueda estudiar. Es muy simpática, y para ella no soy tonto, ni mucho menos.

—Ha grabado datos sobre los *hopis* para que los escuche —le expliqué a mi padre—. Dice que seguramente se me quedarán mejor en la cabeza si los escucho mientras miro el libro.

—A mí me parece más lioso así —dijo él—. Si está la tele encendida cuando estoy resolviendo un crucigrama, no me puedo concentrar ni en una cosa ni en la otra.

—Conmigo sí que funciona, papá. Ahora sé muchas más cosas de los *hopis* que hace diez minutos. Por ejemplo, ¿sabías que...?

—Resérvalo para la mesa —me interrumpió mi padre—. La cena está lista.

—¿Qué hay para cenar?

Siempre hago esa pregunta con un poco de miedo, y con razón. Mi madre es lo que se puede llamar una cocinera experimental. En El Pepinillo Crujiente, su objetivo es ofrecer los embutidos del siglo XXI. Por eso, en lugar de hacer salami y carne picada de la manera normal, los hace con tofu y soja y con un montón de cosas bajas en grasa y en sabor. La cocina de nuestra casa es su laboratorio. Se saca del sombrero un *soufflé* de puerros y leche de soja y le añade un filete de atún falso con brotes de soja y se queda tan ancha. La mayoría de sus platos tienen un sabor parecido al que me imagino que debe de tener el papel.

—Se parece a la lasaña —susurró mi padre—, pero no sé qué ha colocado mamá bajo la primera capa de pasta. Lo que sí sé es que la pasta lleva brotes de trigo.

—¿Y tendremos que segarlo antes de comérnoslo? —pregunté.

Eso hizo reír a mi padre, cosa que no ocurre todos los días. Ni todas las semanas.

Nos sentamos a la mesa del comedor, que en realidad es la parte del salón que llamamos comedor. Estábamos la familia Zipper al completo, compuesta por mi madre, la encantadora Randi Zipper; mi padre, Stan; mi hermana de nueve años, Emily; y, por último, su no tan encantadora iguana, *Catalina*. *Catalina* estaba enrollada en torno al cuello de mi hermana como si fuera una bufanda con escamas.

En general no me gusta que *Catalina* nos acompañe en las comidas. En primer lugar, mirar una cara escamosa cuando estás comiendo no favorece mucho el apetito. Y, en segundo lugar, tiene una lengua larga y gris que lanza hacia tu plato y te roba la parte más rica de tu comida. Suponiendo que haya una parte más rica, claro.

Mi madre clavó el cuchillo en su lasaña verde experimental y me puso en el plato una ración tan grande como el estado de Texas.

—Al ataque, gente —dijo con una gran sonrisa. Se la veía la mar de contenta con su creación.

Yo me lancé al ataque. Mi tenedor se hundió en la primera capa de pasta y encontró lo que estaba enterrado debajo. No sé lo que era, pero solo os diré una cosa: fuera lo que fuera, hacía que la pasta de brotes de trigo pareciera deliciosa en comparación. Era de color marrón oscuro, con motas negras. Y chorreaba por los lados.

—¿Qué es esto, mamá? —le pregunté, aunque me daba miedo la respuesta. Mucho miedo.

—Puré de champiñones con arándanos picados —contestó—. Pruébalo, tesoro.

Sentí todas las miradas encima de mí. Cogí un poco de puré de champiñones con el tenedor y me lo metí en la boca con un movimiento rápido. He llegado a la concusión de que, si no respiras mientras masticas, no notas el sabor de lo que tienes en la boca. No respiré. Mastiqué y tragué y di un buen trago de leche. Después, sonreí a mi madre, que estaba esperando mi opinión.

—¡Ñam! —dije, intentando parecer entusiasmado—. ¡Ñam, ñam, ñam!

—Sabía que te gustaría —replicó mi madre con una sonrisa.

Desvié la vista hacia *Catalina* y, cuando mi madre no miraba, le pasé un buen trozo de mi lasaña. Su lengua salió disparada y, antes de lo que se tarda en decir «voy a vomitar», volvió a la boca de la iguana, que hundió de nuevo su cabeza en el pelo de Emily. Acto seguido, busqué a *Rosco* bajo la mesa.

—Siento hacerte esto, amigo —le susurré—, pero estoy desesperado.

Me puse un trozo de lasaña en la mano y lo metí bajo la mesa. *Rosco* lo olfateó y se puso a girar en círculos. Sin dejar de dar vueltas, salió de debajo de la mesa, cruzó el salón y se alejó hacia la puerta de la casa. Quería salir, cosa que me pareció de lo más comprensible.

—Bueno, Sam, ¿qué tal va el estudio? —me preguntó mi madre.

—Genial, mamá. Mi cerebro se está llenando de información sobre los *hopis.*

—No hace falta gran cosa para llenar tu cerebro de mosquito —apuntó Emily. Es una chica muy lista, todo lo contrario que yo, pero no iba a dejar que dijera eso y se fuera de rositas.

—Oye, Emily —le dije—, seguro que no sabes cuántos tipos de maíz cultivaban los indios *hopi.*

—Siete —respondió con su voz de sabelotodo.

—Veinticuatro —la corregí. No suele ocurrir que yo sepa algo que Emily ignore, así que fui a muerte—. ¿A que no sabes lo que es una *kiva*? —la pinché.

—Una joroba.

—Podría ser, pero no. Es una habitación subterránea a la que solo se puede llegar bajando por una escalerita, y allí los *hopis* hacían hogueras, celebraban sus ceremonias religiosas y sudaban a chorros.

—Pues qué bien, Sam —dijo Emily, haciéndome una mueca—. ¿Podemos hablar ahora de algo interesante, como el aparato digestivo de los gecos? —Emily es una fanática de los reptiles, pero seguro que eso ya lo habíais adivinado.

—Emily, deja que Sam nos hable de los *hopis* —me defendió mi madre—. Se ha esforzado mucho para el examen de mañana.

—No sabía que se podía aprender tanto escuchando una grabación —dije—. Por ejemplo, ¿sabíais que los *hopis* se consideran a sí mismos los cuidadores de la Tierra? Consideran que un territorio no puede pertenecer a nadie, sino que tiene que ser compartido por todos. Y hacen unos muñecos llamados *kachinas* que utilizan para pedir lluvia y otras cosas que necesitan.

—¡Todo el mundo sabe lo de los *kachinas*! —exclamó Emily.

—¿No me digas? Entonces, ¿de qué tipo de madera están hechos? —la reté.

—Lo sé, pero no tengo ganas de decirlo —contestó Emily.

—Ya, como si el álamo americano fuera lo que tienes en la punta de la lengua —dije.

—O sea, que te aprendes tres curiosidades y ya te crees listo —dijo mi hermana—. Los que vamos a estar en el equipo del Rompecocos para la Olimpiada tenemos que saber un millón de cosas así.

Todos dejaron de comer y miraron a Emily.

—¡Cariño, no sabía que te habían elegido para el Rompecocos! —terció mi padre. Le plantó un besazo en la mejilla, y por poco se lo dio también a *Catalina,* que había asomado el hocico para no perderse nada de lo que estaba pasando.

—Mi profesora me ha animado seriamente a ser una rompecocos para el equipo azul. Conmigo de líder, dice que la victoria es segura —explicó Emily, mirándome con su cara de listilla—. Es la primera vez que se lo piden a un alumno de tercero.

Mi padre lucía una sonrisa tan grande que se veía la pasta de brotes de trigo que se le había quedado entre casi todos los dientes.

—¿Ah, sí? Pues yo también tengo noticias sobre la Olimpiada —solté antes de darme cuenta siquiera de lo que estaba saliendo por mi boca—.

Voy a ser lanzador en el equipo amarillo de béisbol.

«¿Voy a serlo? Sam, para el carro. Cierra el pico ahora mismo», me dije entonces.

Sin embargo, mi boca no estaba escuchando, y siguió hablando.

—Pues sí, Ashley y Frankie me lo han suplicado, como quien dice. Me han visto hoy practicando con Papá Pete en el patio, y estaba que me salía.

Mi padre cogió su vaso de agua con rodajas de limón y lo sujetó en alto.

—Por mis dos olímpicos —brindó, y dio un buen trago.

—Eso de ser lanzador es un cambio muy grande para ti, ¿no? —preguntó mi madre.

—Le he dado todas las veces al centro del guante de Papá Pete. Hoy era mi día de suerte —dije, y bebí de mi vaso de leche.

—Ah, hablando de suerte —dijo Emily—. Mamá, recuérdame que el martes me ponga mis calcetines de la suerte para la Olimpiada.

Casi se me atragantó la leche. «¿Ha dicho lo que creo que ha dicho?».

—¿Qué calcetines son? —le pregunté.

—Los calcetines rojos que llevan cosidos unos monitos rosas —contestó Emily—. Siempre me traen suerte. Los llevaba cuando saqué matrícula de honor en el examen de mates. Y cuando me dieron el solo en el Canto Coral de Invierno. Y...

No oí el resto de lo que dijo. Muy despacito, para que nadie se diera cuenta, bajé la cabeza hacia mis pies, que estaban cubiertos por los calcetines de la suerte de mi hermana.

A lo mejor sí que eran la explicación de que supiera lanzar tan bien de repente.

No, ¿cómo iba a ser eso?

Imposible.

CAPÍTULO 6

Después de la cena quise seguir estudiando para el examen de Sociales. Como ya había terminado de escuchar la grabación, cogí el libro y miré las imágenes. Había una página entera de fotos de *kachinas*. Uno tenía mocasines con cuentecitas. Otro llevaba una capa hecha con piel de conejo. En una mano tenía una gran lanza, y en la otra un escudo naranja, negro y amarillo lleno de plumas. Lo malo era que, por mucho que me esforzara en mirar todas aquellas fotos, en los muñecos no veía más que caras de mono.

He descubierto que cuando tengo un problema gordo en el cerebro, se queda ahí ocupando toda mi capacidad para pensar hasta que lo resuelvo. Estaba claro que en el cerebro tenía calcetines de monitos, cosa que no resulta muy agradable que digamos, así que decidí que ese era el problema que tenía que resolver.

Marqué el número de Frankie. ¿Os habéis fijado en que, cuando es muy importante que habléis con alguien, parece que el teléfono se pasa siglos sonando hasta que descuelgan? Pues eso fue lo que ocurrió. Sonó como quince veces hasta que contestó el padre de Frankie.

—Hola, doctor Townsend —dije.

—Anda, pero si es el joven señor Zipper —dijo él—. Siempre me regocija oír tu encandiladora voz al teléfono.

—Gracias, señor.

No tenía ni idea de qué cumplido me había hecho. Es doctor en estudios afroamericanos en la Universidad de Columbia, y utiliza palabras que miden tres pueblos. Son tan largas que no sé ni cómo puede pronunciarlas sin quedarse sin aire.

—Precisamente Frankie estaba hablando de ti en la cena. Dice que estás consiguiendo una rotación muy buena en la pelota al lanzarla.

—Gracias —le dije de nuevo. Esta vez creo que sabía de qué estaba hablando.

—Y dime, ¿cuando empezó a manifestarse ese talento emergente? —me preguntó.

—Doctor Townsend, me encantaría seguir..., esto..., parlamentando con usted —le dije—, pero necesito a Frankie para un problema urgente. ¿Podríamos parlamentar en otro momento?

—Viendo la perentoriedad de tu situación, no me dilato más.

Muy bien, siempre y cuando eso significara que se estaba despidiendo. Supongo que sí, porque dejó el teléfono y llamó a su hijo.

—Desembucha, Zip —dijo Frankie. Esa es su forma habitual de decir hola.

—¿Estás muy liado ahora mismo? —le pregunté en un tono que me sonó desesperado incluso a mí mismo—. Tengo que bajar a verte.

—Zip, estoy estudiando para el examen de Sociales, cosa que deberías estar haciendo tú también.

—Lo intento, pero no veo más que monos por todas partes.

—En las reservas de los *hopis* no hay monos, amigo mío. Nunca los ha habido y nunca los habrá.

—No, Frankie, los monos están en mi cabeza.

—No me gusta nada cómo suena eso. Baja ahora mismo. Me necesitas.

Salí de mi piso tan rápido que, si hubiese sido un personaje de cómic, me habrían dibujado rayas detrás de los pies. Ni siquiera quise esperar al ascensor, así que bajé por la escalera.

Frankie estaba en la puerta de su piso. Pasé como una flecha por su lado, me fui derecho a su habitación, y entonces caí en la cuenta de que no les había dicho a mis padres que salía.

—¿Puedo utilizar tu teléfono? —pregunté.

—¿Vas a llamar a algún mono?

—No, solo a mi padre. —Me acercó el teléfono y llamé a mi casa para decirles dónde estaba. Cuando colgué, le dije a Frankie—: Regla número uno: no puedes reírte.

—¿Reírme de qué?

—De esto.

Lentamente, me subí las perneras del pantalón para que viera los calcetines rojos con monitos rosas que me cubrían las pantorrillas. Frankie se mordió el labio.

—Está bien, no me río, pero pido permiso para sonreír. Tienes que reconocer que son graciosos, Sam —dijo—. Ahora tengo que hacerte una pregunta importante. Piensa bien antes de contestarla.

—Vale.

—¿Qué hacen esos calcetines en tus pies?

—Todos mis calcetines estaban en la lavadora —le expliqué—. En realidad, estaban en la secadora, pero si estaban allí es porque habían pasado por la lavadora.

—Zip, ya sé cómo se lava la ropa —dijo Frankie—. Ve al grano: los calcetines, tus pies.

—Papá Pete iba a venir a practicar lanzamientos conmigo, y algo tenía que ponerme. Como mis calcetines estaban secándose, cogí los primeros que encontré en el cesto de la colada. Ni siquiera me fijé en lo que hacía.

—Como de costumbre.

—Y entonces hice los mejores lanzamientos de mi vida.

—Sí, estabas haciendo unos lanzamientos atómicos.

—Después, durante la cena, Emily va y dice que tiene que ponerse sus calcetines de la suerte porque va a participar en el Rompecocos de la Olimpiada. Por poco se me atragantan los brotes de trigo. No dejaba de preguntarme: ¿y si...? Pero luego pensaba: no, no puede ser.

—¿Qué es lo que no puede ser? —Frankie se rascó la cabeza, pasándose la mano sobre su pelo negro y rizado.

—Que de verdad sean unos calcetines de la suerte. Siempre le han dado buen resultado a Emily, y ahora también me están funcionando a mí. Dime, Frankie, ¿te parece una idiotez?

—Para mí tiene todo el sentido del mundo —respondió él—. Mira, Zip, casi todos los deportistas tienen algo que les da suerte. Turk Wendell, que jugaba en tus penosos Mets...

—Con el número noventa y nueve. ¿Qué pasa con él?

—Se cepilla los dientes y se come un regaliz entre una entrada y otra.

—No lo sabía.

—Wade Boggs...

—Que estuvo en tus penosos Yankees y después en los Devil Rays, y que ahora está retirado…

—El mismo. Ese tío se pasó toda su carrera comiendo solo pollo los días de partido. Una porción de pizza, y bateaba como la iguana de tu hermana.

—¿Y los calcetines? ¿Alguien tenía calcetines de la suerte?

No había ni terminado de hacer la pregunta cuando Frankie ya estaba en Internet, tecleando *supersticiones* y *deporte*. Un ejército de palabras llenó la pantalla del ordenador como si fueran hormigas.

—Mira esto —dijo Frankie, señalando el monitor.

Cuando hay tantas palabras y están tan juntas entre sí, no consigo descifrarlas. Creo que nunca seré capaz de leerlas, por mucho que me esfuerce.

—Mejor léemelo —le pedí.

Frankie asintió. Él nunca me hace sentir como si fuera tonto. Nos conocemos desde hace demasiado para eso.

—Aquí sale un millón de cosas —me explicó—. Todos tenían algún tipo de amuleto o de rutina que les funcionaba. Aquí hay uno que en todos los partidos llevaba una camiseta de *Los Supersónicos* debajo del uniforme. Y este otro se pegaba un chicle mascado bajo la gorra para tener suerte. Y mira todos estos jugadores que no se afeitaban... Si estás en racha, ni se te ocurra afeitarte.

—No lo haré —dije.

—Y este otro, Mark Fidrych el Pájaro, hablaba con la bola antes de cada lanzamiento.

—¿Y qué le decía?

—No lo sé —contestó Frankie—. Pero ¿qué se le puede decir a una bola? ¿«No te dejes coger por ese pringado»?

—Entonces, Frankie, lo que me estás diciendo es que todas esas cosas daban suerte de verdad a la gente.

—Lo dice aquí —se justificó él, señalando la pantalla.

Bajé la vista y miré los calcetines rojos con monitos rosas. De pronto, ya no me parecieron ridículos. Me parecieron preciosos. Eran mis calcetines de la suerte.

—Pues nada, ya tienes tu amuleto de la suerte —dijo Frankie—. Y conmigo de receptor, tenemos asegurada la victoria para el equipo amarillo. Problema resuelto, Zipilipi.

—Eso es —asentí—. Problema resuelto. Zanjado. Finiquitado —dije, y nos chocamos las manos.

—¿Puedo seguir estudiando ya, Zip?

—Claro. En cuanto me hayas contestado a una cosa.

—¿A cuál?

—¿Cómo le digo a Emily que sus calcetines de la suerte ahora son los míos?

CAPÍTULO 7

Cuando me fui a la cama aquella noche, escondí los calcetines en el tercer cajón, entre mi sudadera de los Mets y mis calzoncillos de Spider-Man.

Sí, lo confieso, los estaba escondiendo de Emily.

A la mañana siguiente no podía pensar en nada que no fuera aquellos calcetines de la suerte. Quería quedármelos a toda costa. Solo con que pudiera tener aquellos calcetines un par de días más, podría jugar en la Olimpiada. Gracias a mí, el equipo amarillo se haría con la victoria. Y, por una vez en la vida, conseguiría que McChinche, que lleva metiéndose conmigo desde el día en que nací, me mostrara un poco de respeto.

Ya me estaba imaginando lo genial que sería mientras me comía los cereales Capitán Crujitón, cuando llegó mi madre.

—Sam, te he puesto unas sardinas —dijo—. ¿Por qué no te las comes?

—Porque las sardinas son pringosas, apestosas y, en una palabra, asquerosas.

—Pero, hijo, los ácidos grasos del pescado son el alimento del cerebro. Te ayudarán para el examen de Sociales.

¡El examen de Sociales! Me había olvidado por completo de él. Al final iba a resultar que soy tonto de verdad. ¿Cómo había podido escuchar la grabación de un libro entero, tomar notas en fichas de estudio, y al día siguiente despertarme y olvidar que tenía un examen?

Puede que mi madre tuviera razón. A lo mejor necesitaba los ácidos grasos del pescado. Eché una ojeada al plato de sardinas. «No —pensé—, no me puedo comer eso». Mis papilas gustativas se rebelarían, abandonarían mi lengua y ya no volverían nunca más.

Mi cerebro estaba teniendo esos horribles pensamientos cuando Emily entró en la cocina y se sentó a desayunar.

—¡Anda, mamá, sardinas! ¡Qué suerte! A *Catalina* y a mí nos encantan.

Dicho esto, cogió uno de los pringosos pescaditos, lo partió en dos, y se metió una mitad en la boca y la otra se la dio de comer a su iguana.

—Tienes ácidos grasos de pescado en la cara —le dije, pasándole una servilleta—. Será mejor que te los limpies si no quieres quedarte sin vida social. La gente te olerá a kilómetros de distancia.

—Mamá —dijo Emily, pasando de mí como de costumbre—, ¿has visto mis calcetines de la suerte? He buscado por todas partes y no los encuentro.

Ataqué con ahínco mis cereales con la esperanza de que Emily no se diera cuenta del pánico que se había apoderado de todo mi cuerpo.

—¿Has mirado en el cesto de la colada? —preguntó mi madre.

—Sí, y no están allí.

—¿En el cajón de los calcetines? ¿En el cesto de la ropa sucia? ¿Debajo de la cama?

—Claro que sí —respondió Emily—. No soy Sam.

—Cariño, tengo que ir al Pepinillo. ¿Quieres que los busque después? No los necesitas ahora, ¿verdad?

—En realidad, no —contestó Emily—. Hoy solo son las pruebas para entrar en el equipo del Rompecocos, y para eso no voy a tener problema. Pero los necesitaré mañana, en la Olimpiada. Sam, tú no los habrás visto, ¿verdad?

Una burbuja de cereales me subió hasta la garganta.

—¡Hala, mira qué hora es! —exclamé—. Tengo que irme.

Y eso fue lo que hice. Me fui derecho a mi habitación y cerré la puerta.

«Respira, Sam. Piensa bien en lo que haces», me dije.

Es verdad que los calcetines eran de Emily. Y supongo que lo que tendría que hacer era devolvérselos. Por otro lado, en realidad ella no los necesitaba. Todo se le da bien. Iba a triunfar en la Olimpiada, con o sin calcetines de monitos.

—Sam —me llamó entonces mi padre desde el salón—, vete al colegio, no vayas a llegar tarde al examen.

El examen. Si los calcetines habían ayudado a Emily a sacar matrícula de honor en el examen de mates, a lo mejor a mí me ayudarían con el examen de Sociales, y así evitaría ese suspenso tan feo en mi boletín de notas.

«Solo los utilizaré hoy. Lo justo para subir nota», me dije.

Abrí el cajón y saqué los calcetines de su escondite. Al ponérmelos, me di cuenta de que se me podían ver por debajo de los pantalones. Aquello iba a requerir un poco de camuflaje. Cogí un par de calcetines blancos del cajón, me los enfundé en los pies y me los subí bien por las pantorrillas para esconder los monos.

Al tener dos pares de calcetines puestos, los zapatos me apretaban tanto que tuve que aflojar los cordones para que me cupieran. Cogí mi chaqueta, salí volando de mi habitación y entré en el salón, donde nos estaba esperando mi padre para acompañarnos al colegio.

—Mochila —dijo.

—Eso, mochila —contesté yo.

Volví corriendo a mi habitación y cogí la mochila de mi silla de estudio. A veces me olvido de cogerla. Bueno, muchas veces. Bueno, todos los días.

Mientras me dirigía hacia la puerta de casa, *Catalina* surgió de la nada. Durante una décima de segundo se quedó muy quieta, como si estuviera olfateando el aire. Sus ojos redondos y amarillos se posaron en mí. En mis pies. Debió de oler a Emily en los calcetines, porque correteó por el suelo y se me agarró a los tobillos. Os juro que clavó sus zarpitas en mis calcetines y se quedó allí bien sujeta, como si fuera en monopatín.

—Déjame —le susurré a *Catalina.*

Agité la pierna muy fuerte, pero no se soltó. Y entonces ocurrió lo que no quería que ocurriera. Emily se dio cuenta.

—Qué raro —dijo—. Normalmente, le caes mal a *Catalina.*

—No tanto como ella a mí —contesté—. Ahora, ¿podrías quitarme a esta comelechugas escamosa de la pierna para que podamos ir al colegio?

—Solo si bajas la voz. *Cata* se estresa cuando oye gritos.

—A *Cata* la voy a usar de balón de fútbol como no la arranques de ahí ahora mismo —gruñí.

Entonces Emily se agachó para llevarse a *Catalina.*

—Qué calcetines tan gruesos llevas —dijo.

Yo estaba rezando para que los calcetines de monos se quedaran quietecitos debajo de los calcetines blancos, donde los había escondido.

«No me falléis ahora, chicos», pensé, aunque debí de decir eso en voz alta, porque Emily se detuvo para mirarme.

—¿Me has dicho algo? —me preguntó.

—¿Por qué iba a hacerlo? —dije.

A Emily le costó mucho trabajo quitarme a *Catalina* de encima. Tuvo que separar una por una todas sus asquerosas uñitas de iguana de los calcetines. De hecho, un hililllo rojo se quedó pegado a la tercera uña de la pata delantera derecha de *Catalina*. O igual era la izquierda, porque no se me da muy bien eso de la derecha y la izquierda. Cuando vi ese hilo rojo, se me paró el corazón. Pude notar cómo empezaban a caerme gotas de sudor por la frente.

Pero Emily estaba tan concentrada hablando a *Catalina* con repelente voz para bebés que no vio el hilo rojo. Los calcetines de monitos se quedaron escondidos.

¡Uf, me había librado por los pelos!

CAPÍTULO 8

De camino al colegio, les lancé un discurso a mis monos: «Os necesito, chicos. Debéis darme toda la información que tengáis acerca de los nativos americanos, sobre todo de los *hopis*. Cerámica, *kachinas*, danzas de la lluvia, dádmelo todo. Venga, una pregunta para calentar. ¿En qué año se construyó la casa del jefe *hopi*, el edificio más antiguo de los Estados Unidos? ¿En 1145, decís? ¡Correcto! Estáis en forma».

Y vaya si lo estaban. Aquellos monos fueron mi salvación.

Saqué un bien en el examen de Sociales.

No sé si un bien es una buena nota para vosotros, pero os diré una cosa: en el mundo de Samuel Daniel Zipper, vuestro seguro servidor, eso vale tanto como un sobresaliente.

¡Así se hace, monos!

CAPÍTULO 9

—¡Doctora Berger! ¡Doctora Berger! —grité antes incluso de llegar a la puerta de su despacho.

—Para el carro, Sam —dijo la señora Halzal, la otra orientadora de educación especial—. ¿Qué se está quemando?

—Yo. Estoy que exploto. Tengo que hablar con la doctora Berger. ¿Está aquí?

—La doctora Lynn volverá enseguida. Siéntate conmigo —me ofreció la señora Halzal.

Me senté en una de las sillas de patas metálicas y asiento de plástico azul que hay en el despacho de la señora Halzal, pero era incapaz de quedarme quieto. Mi rodilla daba botes, como si tuviera un motor incorporado. Al cabo de un segundo o dos, llegué a la conclusión de que mi trasero no estaba cómodo, así que me senté en otra silla de asiento amarillo. Pero tampoco me quedé mucho rato allí porque en ese momento entró la doctora Berger, que prefiere que la llamen doctora Lynn. Sin pararse siquiera, me dijo:

—Me alegro de verte, Sam. ¿Quieres venir a mi despacho?

Me levanté y la seguí a su despacho, que tiene unos pósters fabulosos en las paredes. En uno hay un cesto lleno a rebosar de cachorritos. Cada vez que los veo, me dan ganas de llevarme uno a casa. Así *Rosco* tendría un amigo con el que jugar, en lugar de hacerlo con su cola. Y entre los dos pondrían a *Catalina* en su sitio.

—Bueno, ¿qué tal ha funcionado la grabación del libro? —me preguntó la doctora Lynn.

—Por eso quería verla —contesté—. Tengo que decirle dos cosas importantes. Pero tiene que mantener en secreto lo que voy a contarle, y, por favor, no se ría.

—Creo que puedo prometerte las dos cosas —replicó ella, sonriendo—. No irás a decirme que has tenido problemas en casa por escuchar en lugar de leer, ¿no?

—¡No, no! No es nada de eso. Es una cosa más rara aún. —Tomé aire. El corazón me decía que podía confiar en ella—. He sacado un bien en el examen de los *hopis*, ¿y sabe por qué?

—Sí que lo sé. Porque para ti, Sam, es más fácil asimilar información por el oído que por la vista.

—Pues no. Es por los calcetines de monitos.

La doctora Lynn arqueó una ceja y se puso a juguetear con las perlas de su collar.

—Son los calcetines de la suerte de mi hermana, de color rojo con monitos rosas —seguí explicándole—. Me los puse ayer por error, y ahora mire. Me ha salido muy bien el examen de Sociales, y además lancé la pelota de béisbol más rápida y más recta de toda mi vida.

—Espera un momento, Sam. Vamos a rebobinar un poco —dijo la doctora Lynn. Había una sonrisa a punto de asomar a sus labios, pero vi que la atrapó antes de que se convirtiera en una carcajada. Es una persona que cumple sus promesas—. Estás diciéndome que crees que...

—¿A que es increíble? —la interrumpí—. Se lo digo de verdad. Hasta Frankie dice que es por los calcetines de la suerte. Han curado mis problemas. ¡Es un milagro!

—Eso es fantástico, Sam, pero ¿no podríamos plantearnos otra posibilidad?

—Claro, doctora Lynn. Cuénteme.

—Empecemos por lo de la pelota de béisbol. ¿Había algo diferente ese día? Por ejemplo, el sitio donde estabas o algo que hiciste.

—Solo el sitio en el que jugamos. Mi abuelo me propuso que practicáramos en el patio de nuestro edificio en lugar de hacerlo en el parque.

—Ya veo. ¿Y por qué lo hizo?

—Por los calcetines de monitos —susurré—. Yo no quería que nadie me viera con ellos puestos, y si íbamos al parque, todos me verían.

—¿Y cómo es el patio?

—Normal y corriente. Una explanada grande con paredes de edificios en los cuatro lados —contesté.

—¿Está aislado de la calle?

—¡Sí! ¿Ha estado allí alguna vez?

—No, Sam, nunca he estado allí. Pero vamos a plantearnos la posibilidad de que, al ser un sitio tranquilo y aislado, hubiera pocas distracciones que apartaran tu mente de lo que estabas haciendo. Así podías concentrarte en los lanzamientos.

—Ahora que lo dice, sí que se estaba tranquilo ahí abajo. Pero tendría que haberme visto lanzar esa bola. Fue algo alucinante. No, doctora Lynn, un lanzamiento como ese solo puede ser obra de magia. Fueron los calcetines. Además, tiene que ser eso, porque luego volvieron a funcionar en el examen.

—Sam, ¿no ves...?

En ese momento sonó el timbre, lo que quería decir que se había terminado la hora del almuerzo y tenía que volver a clase. Mi profesora, la señora Adolf, te manda al despacho del director si llegas tarde demasiadas veces.

—Gracias por escucharme, doctora Lynn —le dije mientras salía pitando por la puerta de su despacho—. Recuerde que me ha dicho que no se lo contaría a nadie. Y, para los *hopis*, una promesa es algo sagrado.

—Mantendré mi promesa, Sam, pero tendremos que seguir hablando de esto —replicó la doctora Lynn mientras me iba.

Crucé volando el pasillo hacia la clase. Creo que los calcetines de monitos me hacían correr más rápido de lo habitual.

Aquellos calcetines eran la caña.

CAPÍTULO 10

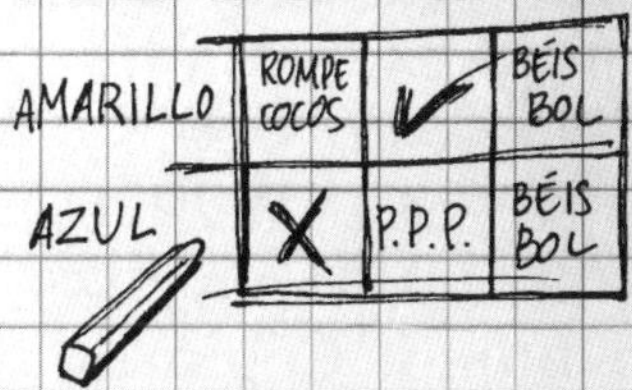

Cuando me dejé caer en mi asiento, la señora Adolf ya había empezado a escribir en la pizarra. Estaba organizando los equipos que participarían en la Olimpiada y el calendario de actividades del día siguiente. Su falda gris, que lleva todos los días y que va a juego con su camisa gris, sus zapatos grises y su cara gris, estaba manchada de tiza por detrás.

—Perdone, señora Adolf —dijo Luke el Mocoverde cuando entró y pasó tras ella—. Tiene caca blanca en el trasero.

Hay que reconocerle una cosa al Mocoverde, y es que no se corta a la hora de decir lo que piensa. Todos le rieron la gracia de la caca blanca, y eso hizo que la señora Adolf se enfadara mucho. Para empezar, ella tiene la opinión de que los alumnos de cuarto se ríen demasiado, y si encima se ríen de su pompis, se lo toma muy mal.

—Silencio, niños. No sé qué tiene de gracioso un poco de tiza —comentó.

—Lo sabría si pudiese verse el trasero —dijo Luke el Mocoverde—. Es para troncharse.

No pudimos evitar echarnos a reír otra vez. Empecé a notar que a la señora Adolf le salían unas manchas rojas en las mejillas, señal de que estaba echando humo. Cogió una llave plateada que lleva colgada del cuello con un cordón y abrió el primer cajón de su mesa. Sacó su cuaderno del profesor, escribió una notita al lado del nombre de Luke y cogió el pase que sirve para que los alumnos puedan circular por los pasillos.

—Creo que ya sabes adónde tienes que ir con esto —le dijo, entregándole el pase.

—¿Al comedor, para picar algo? —replicó Luke.

—Por supuesto que no —contestó la señora Adolf—. Te irás derechito al despacho del señor Love. Allí es adonde van los alumnos que se empeñan en hablar de las nalgas de su profesora.

Cuando el Mocoverde salía del aula, me miró y me dijo:

—Te iré calentando el asiento para cuando llegues.

Yo agradecí en silencio no ser yo, por una vez, el que tuviera que ir al despacho del señor Love. Creedme si os digo que he pasado mucho tiempo sentado al otro lado de la mesa del director. Visitando el lunar, como decimos nosotros. Eso es porque el señor Love tiene un lunar en la cara con la forma de la Estatua de la Libertad, pero sin la antorcha. Cuando te habla, el lunar se mueve como un loco y parece que la estatua tiene el baile de San Vito. Así que te pasas todo el rato mirando el lunar mientras intentas no mirarlo.

—Estos son los equipos definitivos para la Olimpiada de mañana —anunció entonces la señora Adolf, señalando la pizarra—. La mitad de vosotros habéis sido asignados al equipo amarillo, y la otra mitad, al equipo azul. Repasad la lista de la pizarra y comprobad que habéis sido asignados a la actividad que habéis elegido.

Miré la pizarra. Ashley aparecía como entrenadora del equipo amarillo de béisbol. Frankie era miembro del mismo equipo. Kim, la segunda chica más guapa de la clase, también estaba en el equipo amarillo, al igual que Ryan, que es un gran deportista. Nick McChinche, el ser humano más insufrible que haya pisado la faz de la Tierra, había sido asignado al equipo azul de béisbol. Al menos, Frankie y Ashley no iban a tener que jugar en el mismo equipo que McChinche.

Mi nombre estaba asignado a la prueba de la Triple P. Me había apuntado a aquella actividad porque, en aquel momento, era mi única opción. Sabía que no iba a poder jugar al béisbol, y desde luego no estaba a la altura del equipo del Rompecocos. Eso dejaba la prueba de la Triple P como la única competición en la que podía rascar algo. La verdad es que tengo un don increíble para sacar punta a todos mis lápices de forma que alcancen la misma longitud. Se me ocurrió que eso impresionaría al jurado.

En ese instante Ashley levantó la mano y la señora Adolf le dio permiso para hablar.

—¿Sí, señorita Wong? —dijo.

—Me gustaría solicitar un cambio en el equipo —pidió Ashley—. Como entrenadora del equipo amarillo de béisbol, propongo que Sam Zipper sea transferido a mi equipo.

—¡Ese ha sido tu primer error, amiguita! —gritó una voz por detrás de nosotros.

No tuve ni que mirar para saber que era la voz de McChinche. Habla muy fuerte y siempre parece que está riéndose de ti, cosa que, por cierto, suele ser así.

Estiré un brazo para tocar a Ashley, que estaba en el pupitre de al lado.

—¿Qué estás haciendo? —le susurré.

—Frankie me ha contado lo de los calcetines —susurró ella a su vez—. Es tu oportunidad de oro, y he decidido aprovecharla y meterte en el equipo.

—No puedo hacer eso, Ash.

—Sam, he visto cómo lanzabas. Eres pura dinamita.

Entonces Frankie levantó la mano de golpe.

—Como receptor oficial del equipo amarillo, quiero apoyar la propuesta de la entrenadora Wong. Queremos fichar a Zipper.

—¿Tú estás de acuerdo, Samuel? —me preguntó la señora Adolf. Es la única persona del mundo que me llama así, excepto mi madre, cuando está muy enfadada. Mi profesora está en contra de los diminutivos. Dice que son innecesarios.

—Sí, señora Adolf, él está de acuerdo —contestó Ashley antes de que yo pudiera decir algo—. Ya lo hemos hablado.

—No me puedo creer que vayáis a fichar a ese manta —se mofó McChinche—. Yo no le ficharía ni para limpiar los lavabos.

Eso es lo que suele decir McChinche: cosas crueles y asquerosas, aunque unos cuantos alumnos se rieron por lo bajo.

El memo ese estaba consiguiendo que me hirviera la sangre. Bajé la vista para mirar mis calcetines blancos, consciente de que los calcetines de la suerte estaban justo debajo. «¿Por qué no? ¿Para qué están los calcetines de la suerte, sino para poner en su sitio a mamarrachos como McChinche?».

Esperé hasta que sonó el timbre, y entonces le dije en el pasillo:

—Oye, McKelty, ven a verme al campo de deportes después de clase. Tengo algo que enseñarte.

—¿Y qué es, Zipitajo? —gruñó él, arrojando su fétido aliento hacia mí.

—Dos palabras. ¿Adivinas cuáles son?

—¿Fracaso total?

Pero yo le lancé mi sonrisa más desafiante y le susurré las dos palabras.

—Arma secreta.

CAPÍTULO 11

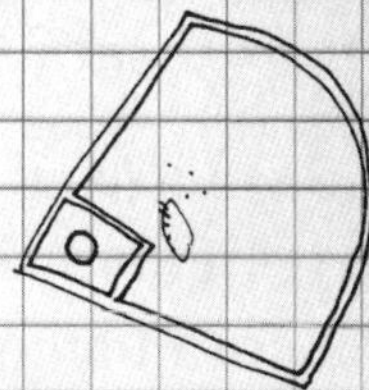

A las tres en punto, ni antes ni después, Frankie, Ashley y yo estábamos en el campo de deportes, esperando en el diamante de béisbol que se había montado a propósito para la Olimpiada. El Bonsái también estaba con nosotros, no porque tuviera algo que hacer allí, sino por el simple motivo de que siempre se nos pegaba y no había forma de quitárnoslo de encima.

—Robert, vete a casa —le dijo Frankie.

—Yo también estoy en el equipo amarillo —protestó Robert—. Tengo derecho a estar aquí.

—Tú estás en la prueba de la Triple P —le recordó Ashley—. Mira a tu alrededor, Robert. Esto es un diamante de béisbol.

—En realidad, es un campo de *softball* —puntualizó Robert—. Un diamante de béisbol tiene que ajustarse a unas medidas reglamentarias. Si queréis os las digo, porque me las he aprendido de memoria.

—No —dijimos todos a la vez.

—Bueno, pues otra vez será.

Entonces el Bonsái vio a McChinche acercarse, y comprendió que no era el momento para dárselas de empollón. Una cosa hay que reconocerle, y es que sabe cuándo cerrar la boca.

McChinche llegó con sus andares pesados, pisoteando la acera como si llevara zapatos de payaso. Nos sonrió pero no de forma amistosa, y vi que de las comisuras de la boca le colgaban restos del postre. Parecía crema de chocolate, o tal vez sirope de caramelo.

—¿Va a durar mucho vuestra fiestecita? —dijo—. Tengo que volver pronto a mi casa porque mi padre va a llevarme a un banquete privado en el mejor restaurante chino de la ciudad. En realidad, es el mejor restaurante chino del mundo, a excepción de uno que está en China y al que iremos este verano.

Por supuesto, todos sabíamos que nada de eso era verdad. Seguramente, el padre de Nick, que era el dueño de la bolera de la avenida Amsterdam, le iba a invitar a un cuenco de arroz en el

Palacio del Chop Suey del tío Ming, que está en la puerta de al lado. Pero Nick McKelty siempre tiene que exagerarlo todo. A eso lo llamamos el factor Nick: la verdad multiplicada por cien.

—Se nos ha ocurrido que podríamos hacer una pequeña demostración de nuestra arma secreta —dijo Ashley—. Prepárate para temblar, McKelty, porque vas a temblar mucho.

Entonces Ashley me hizo una señal, y yo me fui hacia el montículo del lanzador. Frankie ocupó su posición detrás de la base de meta y se puso en cuclillas, extendiendo el guante del receptor frente a él.

—¡Lánzala como tú sabes, Zip! —me gritó.

Yo fingí rascarme el tobillo, pero lo que hacía en realidad era asegurarme de que los calcetines de monitos estaban en su sitio, listos para darme un poco de suerte. Inspiré profundamente, me concentré en el guante de Frankie, tomé impulso y solté la bola.

¡Zas!: la pelota salió disparada como una bala de cañón, atravesó la base de meta y se estampó justo en el centro del guante de Frankie.

McChinche no dijo palabra, pero su bocaza se abrió como la puerta de un garaje azotada por el viento. Ashley le sonrió y le saludó agitando la mano.

—Es solo una muestra de lo que os espera mañana —dijo—. Y ahora, si nos disculpas, tenemos que llevar a casa a nuestra arma secreta. No queremos cansarle más de la cuenta.

Acto seguido, nos fuimos del diamante, dejando allí plantado a McChinche, que abría y cerraba la boca como un pez.

—Ha sido alucinante, Zip —comentó Frankie.

—Sí, es una pena que no pueda hacerlo mañana, cuando llegue el partido de verdad —contesté, cayendo de pronto en la cruda realidad.

—¿Qué estás diciendo? —me preguntó Ashley—. Claro que puedes, y lo harás.

—Emily no permitirá que me ponga sus calcetines de monitos mañana —expliqué, moviendo la cabeza—. Los necesita para el Test Rompecocos. Y sin ellos, mis lanzamientos no valen nada.

—Dile a Emily que TIENE que dejar que te pongas los calcetines —dijo Ashley.

—Ella también los necesita —contesté.

—En realidad, tu hermana es la alumna de tercero más brillante del mundo —terció Robert en ese momento—. Cuando tienes un cerebro como el suyo, no necesitas suerte.

Robert era el más indicado para decir aquello. Él y Emily eran dos empollones que se entendían a las mil maravillas. Durante todo el camino a casa, estuve pensando en lo que Robert había dicho. Emily no necesitaba suerte. Yo, sí.

Aquel pensamiento estuvo dando vueltas y más vueltas en mi cabeza. ¿Qué pasaría si simplemente Emily no pudiera encontrar los calcetines de monitos antes del Rompecocos? Las cosas se pierden, ¿no es cierto? Podía ocurrir perfectamente.

«¿Lo hago o no lo hago?», me repetía una y otra vez.

Cuando llegué a casa, me fui a mi habitación y me quité los calcetines blancos. ¡Qué contentos estaban mis pobres dedos de que los liberara de la cárcel de dos pares de calcetines apretados! Desde el pasillo, oí a Emily, revolviendo frenéticamente todos los armarios de la casa en busca de los calcetines de monitos.

«¿Lo hago o no lo hago?».

Lentamente, me quité los calcetines de monitos, los metí debajo de mi sudadera de los Mets y cerré el cajón sin hacer ningún ruido.

CAPÍTULO 12

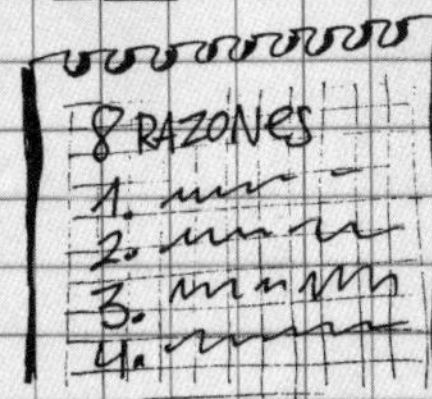

OCHO RAZONES POR LAS QUE DEBERÍA QUEDARME CON LOS CALCETINES DE MONITOS EN LUGAR DE DEVOLVÉRSELOS A EMILY

1. Tengo derecho a ganar, ¿o no?
2 Emily es tan lista que no necesita los calcetines.
3. Igual no está bien que me quede con ellos, pero Emily tiene que comprender que soy yo el que los necesita.
4. Es verdad que no está bien.
5. Jo, es que es verdad que no está bien.
6. Pero es que yo quiero que esté bien, aunque no lo esté.
7. ¿Por qué no puede estar bien?
8. Porque no está bien.

CAPÍTULO 13

Jo, ser buena persona es un rollo.

¿Por qué no seré como McChinche? Él no le habría devuelto los calcetines de monitos a su hermana, y encima los habría quemado y habría enterrado las cenizas en el patio del colegio.

Empecé a pasearme por mi habitación. Di tantas vueltas que dejé un círculo marcado en la alfombra.

«Sé que debería devolver los calcetines, pero hay algo que me impide hacerlo».

Aunque tenía la puerta bien cerrada, seguía oyendo a Emily llorar a mares porque sus preciosos calcetines rojos y rosas se habían perdido.

«Espera un momento. Sí, ya vuelve. Está en el pasillo, dando puñetazos y patadas al suelo».

¿A quién intentaba engañar? Mi hermana no fallaría el test aunque quisiera.

«¡Está bien, está bien! Ya no lo soporto más. Allá voy».

Abrí la puerta de golpe, salí al pasillo y lancé los calcetines a mi hermana. Uno le cayó en toda la cara y el otro fue a parar a la parte de atrás de su cabeza, por lo que parecía que tenía una tercera coleta. Las colas de caballo le pegan mucho. Son el complemento perfecto para ese morro que tiene en lugar de cara.

Volví a mi habitación y cerré de un portazo. ¡Atiza! No sabía que tuviera tanta fuerza. Creo que hice temblar la pared. Hasta mis dientes temblaban.

Mi madre salió corriendo de la cocina.

—¿Qué pasa aquí? ¿Estáis bien? —preguntó.

Emily no respondió.

Yo tampoco contesté. Estaba en mi habitación caminando de nuevo en círculos, intentando entender por qué había cometido la estupidez de devolverle los calcetines.

—¿Cómo se te ha ocurrido? —me decía una y otra vez.

—¡Samuel! —me llamó mi madre—. ¡Sal de ahí ahora mismo!

A lo mejor un día seré capaz de no responder a mi nombre, de no salir de mi escondite y entregarme al pelotón de fusilamiento, pero ese día no había llegado aún.

Abrí la puerta, salí al pasillo y pronuncié la frase más corta que se me ocurrió.

—¿Qué? —dije, sin mirar a ninguna de las dos.

—No me vengas con «¿qué?», jovencito —dijo mi madre—. ¿Me puedes explicar de dónde han salido los calcetines?

—Pues... primero tienen que recoger el algodón para crear el tejido, y luego lo tiñen de rojo. Cuando ya está teñido...

—Samuel, deja ya eso —replicó mi madre con su voz más severa. Cuando utiliza la palabra *Samuel*, no hay chiste capaz de calmarla.

—Está bien. Ha sido un error. No sabía lo que hacía.

—Típico —dijo Emily.

—Emily, ahora no —le chistó mi madre.

—No sabía lo que hacía porque no quería hacer esperar a Papá Pete, Emily. Por eso cogí el primer par de calcetines que encontré en el cesto de la colada. Nos fuimos a practicar al patio porque no quería que me vieran en el parque con esos calcetines de monitos. Pero luego resulta que me han ayudado a lanzar mejor que nunca, y ahora de verdad que los necesito para el partido de mañana. Pero no, la señorita Perfecta no me los prestaría ni loca.

—Tú lo has dicho —me interrumpió Emily.

—¿Lo ves? ¡Es imposible! —chillé mientras volvía corriendo a mi habitación y daba otro portazo. Un milisegundo después, abrí la puerta un dedo y grité por la rendija—: ¡Eres lo peor de lo peor, Emily Zipper! ¡Se acabó!

Cerré la puerta de una patada. Fue un portazo muy fuerte, como si estuviera gritándoles a todos: «¡No os quiero ver en mi habitación! ¡No os quiero ver en mi vida! ¡Y va en serio!».

CAPÍTULO 14

Estaba tan enfadado que me salía humo de las orejas. Me dejé caer en mi litera, me tapé la cabeza con una almohada y me puse a gritar. No puedo deciros lo que grité, pero si vuestros padres leyeran esas palabras, os quitarían este libro y os dirían que no podríais leerlo hasta que tuvierais dieciocho años y medio.

A pesar de la almohada, oí la voz de mi madre.

—¡Stan! ¡Tienes que venir!

—Estoy ocupado, Randi —respondió mi padre desde el baño—. Me he encontrado un pelo en la oreja y estoy intentando quitármelo con unas pinzas.

—Eso puede esperar, Stanley.

«No, no puede esperar. Papá, sigue haciendo lo que estabas haciendo», pensé.

Al parecer, o se quitó el pelo más rápido de lo que había calculado o lo dejó por imposible, porque diez segundos después, mi padre abrió la puerta de mi habitación.

—Cuéntame qué pasa.

—No pasa nada. Que Emily vuelve a salirse con la suya, como siempre. Ella se lleva sus calcetines de monitos y yo no podré ser lanzador nunca más.

—Sam, no tengo ni idea de lo que me estás contando.

En ese momento mi madre asomó la cabeza en la habitación.

—Convoco una reunión familiar —dijo.

—Claro, ¿por qué no? —Yo todavía estaba gritando de rabia—. Sentémonos para hablar de lo genial que es Emily. ¿A qué esperamos? ¡Empecemos ya!

—Cálmate, Sam —me pidió mi padre—. Vamos a hablarlo como personas razonables.

Nos sentamos a la mesa del salón, en los mismos sitios en los que nos sentamos a la hora de comer: mi padre presidiendo, mi madre en el sitio más cercano a la cocina, Emily a su izquierda y yo a su derecha. O igual soy yo el que está a su izquierda y Emily a su derecha. Un momento, que esto tengo que pensarlo. Sé que el meñique de mi mano izquierda es un poco más corto que el de la derecha, y como yo estoy al otro lado de la mesa, tendría que ponerme de pie y de espaldas, y entonces ver dónde queda mi dedo meñique. Sí, ella estaba a la izquierda de mi madre…

Emily colocó a *Catalina* en el centro.

—¿Quién ha invitado al lagarto a nuestra reunión familiar? —pregunté.

Catalina debió de darse cuenta de que estaba hablando de ella, porque se quedó mirándome con sus ojillos redondos y entonces disparó la lengua hacia mí, como diciendo: «Aquí estoy, Zipitajo, ¿pasa algo?».

—No sé para qué necesitamos una reunión familiar —empezó Emily—. Este loco me ha robado los calcetines. No son suyos, sino míos. Está clarísimo.

—Sam, te toca a ti expresarte —dijo mi madre. Ella es muy de expresarse.

—No le he robado los calcetines. Habrían notado que los necesitaba, y por eso acabaron en mis pies. Solo pido llevarlos un día, un día y nada más. Ni siquiera un día. Solo dos horas, durante el partido de béisbol de la Olimpiada. No veo que eso tenga que ser un problema.

—Pues sí, porque resulta que son las mismas dos horas en las que yo estaré participando en el

Test Rompecocos. Y necesito mis calcetines de la suerte para que mi equipo alcance la victoria.

—¿Y mi victoria en el partido de béisbol, qué?

—¿Qué victoria es esa? —replicó Emily la Perfecta—. Necesitas mucho más que unos calcetines de monos para hacer algo bien.

—Bueno, ya basta —dijo mi padre—. En primer lugar, tengo que decir que no creo que unos calcetines de monos puedan dar suerte.

—Eso es —asintió mi madre—. Todos sabemos que los amuletos de la suerte no funcionan.

—Por otro lado —siguió mi padre—, es verdad que tengo un portaminas de plata que me regalaron cuando cumplí seis años de suscripción a la revista *TIME*. Y con ese portaminas parece que termino antes los crucigramas.

—Stanley, ahora no estamos hablando de tus crucigramas —señaló mi madre.

—Tienes razón, Randi —reconoció él, y se pasó una mano por el pelo, que empezaba a tener tan revuelto como de costumbre.

—Te lo digo de verdad, papá —le supliqué—. Los necesito más de lo que nunca he necesitado nada en mi vida.

—No tanto como los necesito yo —dijo Emily.

Mi padre levantó la mano para indicarnos a los dos que dejáramos de hablar. Nos miró por encima de las gafas, como hace siempre que está pensando en una palabra especialmente difícil de esas que salen en los crucigramas, y dijo:

—Bien, pues ya que estamos hablando de un par de calcetines, hay una solución evidente. Hay dos niños en esta familia. Hay dos calcetines en un par. Somos una familia, y tenemos que estar todos para uno y uno para todos. ¿Veis adónde quiero llegar?

—No —le respondí—. Me he perdido después de que dijeras «bien».

—De acuerdo, veámoslo de este modo —continuó—: dos niños, dos calcetines. Dos dividido por dos es igual a ¿qué?

—¿Cómo voy a saberlo, papá? —Aquella conversación me estaba sacando de quicio—. Vuelve a preguntármelo después de sexto. A lo mejor ya sabré dividir para entonces.

—Dos dividido por dos es igual a uno —dijo Emily.

Le lancé una mirada a *Catalina,* y, aunque sé que suena raro, ella me la devolvió como diciendo: «Hasta yo sabía eso, cerebro de mosquito».

En aquel momento no podía decirlo en voz alta, pero me pregunté si era posible que yo fuera más tonto que un lagarto.

—Stanley, me parece una solución fabulosa —comentó mi madre—. Que cada niño se quede con un calcetín.

—No funcionará —dijo Emily, siempre tan positiva.

—Hagamos la prueba —decidió mi padre.

Mi madre todavía tenía los calcetines. Los había recogido del pasillo después de que Emily los tirara al suelo presa de mil demonios escamosos. Nos dio uno a cada uno. Mi hermana se puso el suyo en el pie izquierdo. (O tal vez fuera el derecho. Podría hacer otra vez lo del meñique, pero seguramente os aburriríais y dejaríais de leer, o sea, que mejor digamos que se lo puso en un pie y ya está).

Yo estaba un poco nervioso, porque me acordé de que la última vez que me había puesto los calcetines la iguana histérica me había atacado en un tobillo.

—¿Puedes meter a *Catalina* en la jaula? —le pregunté a Emily.

—¿Y que se pierda esto? —contestó ella.

Hice una mueca y me puse el calcetín.

—Bien —dijo mi padre—. Ahora, vamos a hacer la prueba. Emily, ¿cuál es tu fuerte en el Test Rompecocos?

—La geografía.

—Muy bien, pues dime cuáles son los dos ríos más largos del mundo.

—Eso es fácil —respondió ella—. El Nilo y el..., y el..., y el... Solo me sé uno.

—Vamos a probar con otra pregunta —dijo mi padre—. ¿Cuál es el estado más grande de los Estados Unidos, y cuál es su capital?

—El estado más grande es Alaska, y su capital es..., es..., es. Solo puedo contestar a la mitad de la pregunta. ¿Lo ves, papá? Eso es porque solo llevo un calcetín puesto. Sam, dame ese calcetín ahora mismo.

Emily se lanzó hacia mi tobillo, pero yo fui más rápido, y ella aterrizó en la alfombra, agarrando el aire.

—Ahora me toca a mí poner a prueba la teoría del calcetín sin pareja —dije, y cogí la pelota de béisbol y mi guante—. Vamos, papá. La ciencia en acción.

Todos cogimos el ascensor para bajar al patio. Bueno, todos menos *Catalina*. A ella no le gustan los ascensores. Una vez se puso muy frenética y mordió el botón de la quinta planta. Tuvimos que llamar a mi padre para que la desenganchara de ahí. Si venís a mi edificio, todavía podréis ver las marcas de sus dientes en el botón.

Cuando llegamos al patio, me fui a mi puesto y mi padre se plantó detrás de la cañería metálica que nos servía de base de meta. Tomé impulso como había hecho con Papá Pete, y la bola salió volando de mi mano. Pero en lugar de ir hacia el guante de mi padre, tomó una trayectoria loca, dando vueltas sobre sí misma, y se quedó encajada en la verja de metal que da a la calle 78.

—Inténtalo otra vez —dijo mi padre mientras desincrustaba la pelota.

Tomé impulso de nuevo y lancé la bola. Esta vez voló en dirección al guante de mi padre, pero cuando ya estaba a punto de llegar, dio un giro repentino y se dirigió hacia la maceta de cerámica de la ventana de la señora Seides. ¡Zas! Lo siguiente que supe fue que la maceta estaba en el suelo de cemento del patio, rota en mil pedazos.

Nuestra vecina asomó la cabeza por la ventana.

—Lo siento mucho, señora Seides —me disculpé—. No quería romper su maceta, pero no he podido evitarlo porque solo tenía un calcetín de monitos.

Ella se quedó algo confusa.

—Te compraremos una nueva, Miriam —le aseguró mi madre—. Sam lo ha hecho sin querer.

Entonces me volví hacia mi padre para decirle:

—Lo has visto con tus propios ojos, papá. Es la prueba de que no puedo lanzar bien sin los calcetines.

—Y sin ellos yo no recuerdo datos geográficos —terció Emily.

—Estos calcetines dan suerte —afirmé yo.

—Estoy de acuerdo —afirmó Emily.

Por primera vez, mi hermana y yo estábamos de acuerdo en algo.

—Por lo tanto, NECESITO los calcetines —dije yo.

—No estoy de acuerdo —dijo ella.

Volvíamos a estar enfrentados. Bueno, al menos habíamos vuelto a nuestro estado normal.

CAPÍTULO 15

Pasé toda la hora que quedaba hasta la cena en mi habitación, pensando en cómo decirle a Ashley que iba a dejar el equipo. No es fácil decirle a Ashley algo que no quiere oír. Por ejemplo, pongamos que se ha llevado mandarinas para el almuerzo y te ofrece una, y tú le dices: «Gracias, pero las mandarinas son demasiado ácidas para mí». Pues ella no se conformará con decirte: «Vale, las cosas ácidas no le gustan a todo el mundo», sino que te explicará que el ácido es necesario para tu lengua, porque te despierta las papilas gustativas para que puedan apreciar todos los sabores que no son ácidos. Y, antes de que te des cuenta, te estás comiendo la mandarina mientras piensas en la suerte que tienes de que Ashley haya querido compartir contigo esa fruta tan deliciosa.

Así pues, cogí un papel y empecé a escribir la lista siguiente:

DIEZ RAZONES POR LAS QUE SAM ZIPPER NO PUEDE SER LANZADOR EN EL EQUIPO AMARILLO DE NINGUNA MANERA

1. Mi hermana no me deja llevar sus calcetines de la suerte rojos con monitos rosas.

Repasé lo que acababa de escribir y me invadió una oleada de terror.

A ningún chaval de cuarto como yo le gustaría que alguien descubriera que había escrito una frase como aquella. Si a mí ya me ponía los pelos de punta leerla, imaginaos qué opinaría alguien como (ay, madre, no sé si podré decirlo) McChinche.

Supongamos que Ashley sube la escalera para ir a clase. Y que la lista se le cae de la mochila y McChinche está justo detrás y la coge con sus zarpas sin uñas. Seguro que correría al despacho del director, agarraría el micrófono y leería la lista por megafonía para que todos los alumnos del colegio se enteraran de que Sam Zipper se pone los calcetines rojos con monitos rosas de su hermana. Supongamos que todo eso ocurriera. En ese caso, tendría que cambiarme el nombre por Bill o Bernard, comprarme un billete de ida a Alaska y vivir el resto de mi vida en un iglú, comerciando con grasa de ballena.

«Espera un momento. No puedo hacer eso. En los iglús no tienen televisión digital», pensé.

Cogí mi lista, hice una bola con ella y la tiré a la papelera. Pero eso no era suficiente. La recogí y la rompí en unos pedazos tan pequeños que nadie podría volver a pegarlos con celo.

—Sam, la cena está lista —dijo entonces mi madre—. Ven a poner la mesa.

Salí de mi habitación y me fui al comedor.

—Le toca a Emily —refunfuñé.

—Ya la puse ayer —me espetó ella—. Te toca a ti, ¿no te acuerdas? Me pediste cambiar el turno porque necesitabas más tiempo que nadie en el mundo para estudiar para el examen de los *hopis*.

—Lleváis toda la tarde así, y ya estoy harta —dijo mi madre—. Ahora pondréis la mesa entre los dos, y no se hable más.

—Yo pongo los platos y los tenedores —dije yo—. Pero no las servilletas ni los cuchillos.

—Si yo pongo las servilletas y los cuchillos, ¿quién pone las cucharas?

—Mamá, ¿esta noche hay algo que tengamos que comer con cuchara? —le pregunté.

—He hecho crema helada de tofu y algarroba para el postre —contestó mi madre.

—Tú pon tu cuchara y la de papá, y yo pondré la de mamá —le dije a Emily—. Yo no voy a necesitar cuchara. La algarroba helada no es lo mío.

Estábamos sentándonos a la mesa cuando sonó el timbre.

—Ya voy yo —dijimos Emily y yo a la vez.

—No te molestes, no es para ti —la informé.

—¿Y cómo lo sabes?

—Porque solo los seres humanos llaman a la puerta, ¿y qué ser humano querría verte?

—Robert, por ejemplo.

—Acabas de darme la razón.

Me fui hacia la puerta. Eché un vistazo por la mirilla y vi a Ashley al otro lado. Agitaba un papel y parecía muy impaciente por entrar. Tanto, que casi se cayó dentro del piso cuando abrí.

—Tienes que ver esto —dijo.

Mi madre llegó al recibidor.

—Hola, Ashley, ¿por qué no te quedas a cenar con nosotros? Hoy tenemos un menú vegetal: pasta verde y verduras crudas del huerto.

—Vaya, señora Zipper, es que... ya sabe cuánto me gusta su comida. Es muy..., muy..., muy... auténtica, pero no puedo quedarme. Solo he venido para enseñarle esto a Sam.

—¿Qué es?

—Es una edición especial del boletín del colegio. Escucha este titular, Sam: «Ashley Wong, la primera chica entrenadora de un equipo de béisbol en la historia del centro».

—¡Ashley, eso es estupendo! —exclamó mi madre.

—Aquí dice que todos tienen muchas esperanzas puestas en mí. Mira, Sam, hasta menciona que eres nuestra arma secreta.

Yo ya no pude callármelo más.

—Ashley, mañana no puedo jugar de lanzador.

—Pero ¿qué dices? Pues claro que puedes. ¡Ya hemos hablado de esto!

—Lo de ayer fue una excepción, y no puede repetirse porque cierta persona no quiere prestarme sus calcetines de la suerte.

—He decidido que lo más justo es que ninguno de los dos se los ponga —dijo mi madre en ese momento.

—Señora Zipper, no puede hacer eso —le suplicó Ashley—. Está perjudicando la causa de las mujeres en el deporte. ¿No lo ve?, estamos creando titulares. ¿Es que no quiere ver mujeres en los titulares?

Mi padre se acercó al recibidor y dijo:

—¿Qué pasa aquí? La cena se está enfriando.

—No puede enfriarse —replicó mi madre—. Se sirve fría.

—Bueno, pues entonces se está calentando —dijo mi padre. Toda la familia estaba en plan quisquilloso.

Ashley captó el mensaje.

—Tengo que irme —dijo—. Sam, ¿puedes quedar en el club después de cenar?

—Tengo deberes de mates.

—¿Cuánto vas a tardar?

—Tengo que hacer todos los problemas pares de la página 46. Media hora o así.

—Vale, pues cuando termines los deberes. Yo avisaré a Frankie.

—¿Para qué?

—Ya lo verás.

CAPÍTULO 16

¿A quién quería engañar? Cualquier persona normal tardaría media hora en resolver todos los problemas pares de la página 46, pero yo no soy precisamente un hacha con las matemáticas. Puedo quedarme media hora mirando un problema sin tener ni idea de qué es lo que se espera que haga. Bueno, excepto ciertos problemas de multiplicación con doses, cincos y dieces. No sé por qué, pero parece que soy capaz de multiplicar cualquier cosa con esas cifras y sacar la solución correcta. Pero que no me pongan sietes o nueves y me pidan que los multiplique por algo, porque soy hombre muerto.

Los problemas impares me parecieron más sencillos. Tenían muchos doses y dieces. Como tenía bastante prisa en ir a nuestro club, pensé que sería una decisión muy creativa hacer esos en lugar de los pares. Al fin y al cabo, seguían siendo problemas de matemáticas, ¿no?

—Me voy al club un ratito —les dije a mis padres desde mi habitación.

—¿Has terminado los deberes? —me preguntó mi madre.

—He hecho los ocho problemas —respondí—. Y creo que los he resuelto bien.

Desde mi punto de vista, ella no necesitaba saber que había tomado la creativa decisión de hacer los problemas impares. Eso quedaba entre yo y yo mismo. Y yo mismo pensé que era una decisión aceptable.

—Está bien —dijo mi madre—. Tienes media hora. No vuelvas más tarde.

Cuando iba a salir del piso, *Rosco* se bajó de un salto del sofá y vino corriendo al recibidor. Le gusta mucho acompañarme al club. De hecho, le gusta mucho acompañarme a todas partes, cosa que me hace sentir genial.

Apreté el botón del sótano y el ascensor inició el viaje al centro de nuestro edificio. *Rosco* se puso a dar vueltas de las suyas, pero yo le miré y le dije:

—No, chico, hoy no. Esta es una reunión muy importante, y necesito que te comportes como un perro normal y corriente.

Rosco debió de captar por mi tono de voz que lo decía en serio, porque dejó de perseguirse la cola y me dirigió el ladridito más dulce que hayáis oído nunca. *Rosco* es mi mejor amigo animal, de eso no cabe duda.

Cuando el ascensor llegó al sótano, nos pusimos a andar por el pasillo que daba a nuestro club. Mis amigos y yo nos reunimos en un trastero que tiene dos viejos sofás en el centro, rodeados por unas estanterías llenas de cajas de cartón que llevan escritas palabras como «ROPA DE ABRIGO», «VAJILLA DE NAVIDAD» o «FOTOS ACADÉMICAS».

Empujé la puerta para abrirla, pero dentro no había nadie. Eso me pareció raro, porque Ashley nunca llega tarde. De pronto, una voz grave y escalofriante resonó por el pasillo.

—Sam Zipper —empezó la voz—, estás a punto de entrar en el mundo de los espíritus. Los ancestros te están esperando.

Me di la vuelta para ver de dónde procedía la voz. El pasillo estaba a oscuras, a excepción de un resplandor rojo que salía de debajo de una de las puertas: la del lavadero.

Miré a *Rosco.* Tenía los ojos muy redondos y abiertos, y las orejas de punta. Intentó ladrar, pero le salió una especie de gritito. Si hubiese sido una persona, habría dicho: «Larguémonos de aquí cuanto antes».

Y eso fue precisamente lo que hizo. Dio media vuelta y salió pitando hacia el club tan rápido como se lo permitieron sus cuatro patitas de perro salchicha. Lo último que vi fue su rabo desapareciendo detrás de uno de los sofás.

—Sam Zipper, te invitamos a entrar en la *kiva* —anunció la voz, que comenzaba a resultarme muy conocida.

—¿Frankie? ¿Eres tú? —murmuré.

—No —susurró la voz—. Soy el espíritu del águila que baja a anidar.

—¿Has venido a anidar en el lavadero? —dije, riendo.

—A los espíritus no nos gusta que se rían de nosotros —replicó otra voz desde dentro del lavadero.

—¿Y tú, quién eres? —pregunté.

—Soy el espíritu de la lechuza, que trae sabiduría a la noche —respondió la otra voz, que me recordaba mucho a la de cierta persona llamada Ashley Wong.

Abrí la puerta del lavadero y sentí una ráfaga de vapor golpeándome en la cara. Entre la bruma distinguí dos figuras, apenas visibles. Llevaban máscaras decoradas con plumas rosas y pintadas con rotuladores. El cuarto estaba oscuro, iluminado solo por el resplandor rojo del cartel luminoso de «SALIDA». A medida que mis ojos se acostumbraban a la oscuridad, vi que el vapor salía de las puertas abiertas de las lavadoras y secadoras. Las máscaras de los espíritus estaban hechas con los platos de cartón que utilizamos para comer perritos calientes con patatas fritas.

—Chicos, tengo que volver dentro de veinticinco minutos —dije—. ¿De qué va todo esto?

—Pues deja de hacer el tonto y toma asiento en el Círculo de Sabios —me ordenó Ashley la Lechuza.

Me senté en el suelo del lavadero, y Ashley y Frankie se sentaron junto a mí, cada uno a un lado.

—Vaya, qué calor hace aquí —comenté—. Se me está empezando a pegar la camiseta al cuerpo.

—Es el ritual de sudación *hopi* —dijo Frankie el Águila.

—Pues funciona de miedo —repuse, notando que el sudor comenzaba a formar charquitos en los pliegues de mis piernas.

Ashley tenía en la mano una cuchara de madera con un par de plumas pegadas en el mango. Juraría haberlas visto en una boa de plumas que Ashley se ponía cuando jugaba a ser una estrella del rock.

—Tengo el bastón del orador, así que empezaré yo —dijo, ondeando la cuchara de madera—. Nos hemos reunido en nuestra *kiva* para crear los calcetines de la suerte todopoderosos que tanto deseas.

Cogió un bote de café que estaba decorado con las mismas plumas rosas y sacó de él un par de calcetines de deporte normales y corrientes. Ashley me los dio y vi que había pegado en ellos unas caras de mono de estrás rojo. Le encanta decorar su ropa y todas sus cosas con esos cristalillos. Y además se le da muy bien.

—¡Hala, son geniales, Ash! —exclamé—. Eres una artista. Parecen monos de verdad. ¿Para qué son?

—Son para ti, cabeza de chorlito. Para el partido de mañana, para darte suerte. Son los calcetines de la suerte con monos que necesitas.

—Muchísimas gracias, chicos, pero no basta un poco de estrás para que sean unos calcetines de la suerte. Tienen que haber sido llevados por mi hermana, lavados y guardados en mi tercer cajón, debajo de mi sudadera de los Mets. No puedes hacer que unos calcetines sean mágicos poniéndoles caras de mono y ya está.

—Creo que te olvidas de algo, bravo *hopi*—terció Frankie.

—¡Chist! —le dijo Ashley—. No puedes hablar. ¡No tienes el bastón del orador!

—Entonces dámelo, Ashwina. ¿Quién ha dicho que el bastón del orador sea solo para ti?

—Chicos, ¿podéis coger ya el bastón del orador, cualquiera de los dos? —les pedí—. Solo me quedan quince minutos.

Ashley recogió la cuchara emplumada y Frankie se la quitó de las manos.

—Si los calcetines todavía no tienen suficiente suerte para ti, hay remedio —dijo Frankie, y entonces empezó un cántico—. Oh, Espíritu de los Ancestros, acude a nuestra *kiva* y deposita tu magia sobre estos calcetines de monitos para que den suerte al bravo Sam Zipper —entonó, agitando los calcetines a un lado y a otro.

—Oye, cuánto me alegro de que estos calcetines no huelan mal —observé.

Ashley me lanzó una mirada asesina.

—Ya basta de bromitas, Sam. Estamos haciendo esto por ti.

—Vaale —dije, y me puse muy serio, me aclaré la garganta y grité—: ¡Espíritu animal, manifiéstate ahora!

Esperamos a que ocurriera algo. Y no os lo vais a creer, pero en ese momento la puerta se abrió de golpe y frente a nosotros, en el lavadero del número 210 de la calle 78 de Nueva York, apareció el espíritu jadeante de un pequeño oso.

Todos los miembros del Círculo de Sabios soltamos un grito de pavor y dimos un salto tan grande que acabamos encima de la vieja secadora ceremonial.

CAPÍTULO 17

Estábamos agazapados encima de la secadora, temblando de miedo y emoción. El oso empezó a acercarse despacito, paso a paso. No lo distinguíamos bien en la oscuridad, pero vi una mata de pelaje tan gruesa que se podría haber clavado una cuchara en ella.

—Es él —susurró Ashley.

—¿Quién? —pregunté.

—Tu espíritu totémico —contestó ella—. Has pedido a los ancestros que lo invocaran, y él ha venido para llenar de magia tus calcetines de la suerte.

—Chicos, mirad ahí —susurró Frankie, señalando la pared que teníamos delante.

La sombra que creaba el resplandor rojo del cartel de «SALIDA» parecía la de un oso de trescientos kilos por lo menos.

—Tótem bueno, tótem guapo —dijo Frankie. Aunque intentaba sonreír, me di cuenta de que él también estaba bastante asustado.

—¿Creéis que hará su magia antes de comernos? —pregunté.

—Los espíritus totémicos no comen niños, ¿verdad, Sam? —quiso saber Ashley.

—No lo sé —murmuré—. Esa parte no la incluyeron en mi grabación.

Entonces el espíritu totémico se abalanzó hacia nosotros y empezó a menearse.

—¡Oh, no! —gritó Ashley.

Yo tampoco pude contenerme y chillé como un niño pequeño. Lo reconozco. Pero Frankie también chilló.

En realidad, creo que asustamos al oso totémico, porque levantó una pata e hizo pis encima de los nuevos calcetines de monos.

—¡Eh, quieto ahí! —le gritó Ashley.

—Ashley, no puedes hablarle así a un animal totémico —dijo Frankie.

—De totémico, nada —espetó ella—. Hay treinta y cinco cristales en cada uno de esos calcetines. ¿Sabes lo que se tarda en pegarlos uno a

uno? —añadió, y se bajó de la secadora y se acercó al oso—. Largo de aquí, cochino —le dijo, amenazándole con un dedo—. No vas a estropear mi obra de arte.

Frankie y yo contuvimos la respiración mientras esperábamos a ver lo que ocurría. De pronto, el tótem se puso a girar en círculos. Estaba dando vueltas y más vueltas. ¿Sería un antiguo ritual *hopi*?

Mientras el tótem seguía girando, algo muy extraño empezó a suceder. Su pelaje comenzó a resbalar por un lado y…

«Un momento… Yo conozco esa forma de girar», pensé.

Me acerqué un poco y vi la cara de mi perro asomando por debajo de la capa de pelaje.

—¡*Rosco*! —grité.

Mi perro dejó de girar, saludó con un ladrido y meneó el rabo.

Frankie encendió las luces y entonces vimos que *Rosco* llevaba el viejo abrigo de piel de la señora Fink, que estaba guardado en una caja, debajo de uno de los sofás de nuestro club.

Cuando me agaché para coger a mi perro, vi el charco que había dejado. No quiero que os entre asco, pero los calcetines de monos estaban flotando en el lago creado por *Rosco*. Todos nos quedamos mirando los calcetines en silencio, y fue Frankie quien habló al fin.

—A lo mejor ese líquido sagrado les da más poder aún a los calcetines —dijo.

—Nunca lo sabremos —tercié yo—, porque no me los pienso poner en ninguna parte del cuerpo aunque pasen por cien lavados.

—Pero, Zip, los *hopis* empleaban todo tipo de pociones para hacer magia...

—Eso es absolutamente cierto —añadió Ashley—. Creo que he leído en alguna parte que utilizaban caca de antílope.

—Me alegro por ellos —dije yo—, pero por lo que a Sam Zipper respecta, la magia que hubiera en esos calcetines ha sido eliminada por el río Amarillo.

—Entonces, ¿qué vas a hacer con el partido de mañana? —me preguntó Ashley.

—No lo sé —respondí—. Lo que sí sé es que si no vuelvo a casa antes de tres minutos, mi madre me va a matar.

Cogí a *Rosco* y salí pitando. Ya había recorrido medio pasillo cuando me di cuenta de que Frankie y Ashley debían de haber trabajado un montón para montar aquella *kiva*. Me di la vuelta, corrí al lavadero y asomé la cabeza dentro.

—Gracias, chicos —dije—. Lo habéis intentado. Siento que no haya salido bien.

—¿Y qué hago yo? —repuso Ashley—. Me he quedado con un solo lanzador. Necesito refuerzos. ¿Qué vamos a hacer mañana?

Era una buena pregunta. Lástima que no conociera la respuesta.

CAPÍTULO 18

Aquella noche estaba tumbado en mi litera cuando una idea me pasó por la cabeza, galopando como un caballo desbocado. Habíamos pedido un espíritu animal y había aparecido *Rosco*. ¿Quién dice que los tótems solo podían ser antílopes, serpientes, lechuzas o búfalos? ¿Por qué no podían ser perros salchicha?

Me puse derecho y me di un porrazo en la cabeza con la tabla que sostiene el colchón de arriba. Pero no me importó, porque ya tenía la respuesta. *Rosco* era mi tótem, y me lo habían enviado los espíritus de los ancestros. Le llevaría al partido y él me daría suerte.

Miré a mi alrededor y vi a *Rosco* dormido en su cojín, al lado de mi cama. Aunque la habitación estaba a oscuras, observé que daba pequeños respingos, como si estuviera soñando.

Estoy seguro de que estaba soñando con los ancestros.

CAPÍTULO 19

—Ni hablar —dijo mi padre.

—Pero, papá, no lo entiendes —le supliqué. Bueno, en realidad lo que hacía estaba a medio camino entre suplicar y gimotear—. Necesito que *Rosco* esté allí. Es mi amuleto, mi tótem. Sin él no puedo jugar.

Yo estaba sentado a la mesa de la cocina. Emily tenía la nariz metida en un libro, haciendo un último repaso de las capitales del mundo para el Rompecocos. Mi padre estaba removiendo gachas de avena en un fogón. Siempre nos prepara avena en días especiales, cuando considera que necesitamos vitaminas y minerales extra. Si había un día en que yo necesitaba vitaminas y minerales extra, estaba claro que era el día de la Olimpiada.

—Piénsalo bien, Sam —dijo mi padre mientras me ponía delante un cuenco de gachas de avena muy calientes—. Ya sabes lo nervioso que es *Rosco*.

Imagínatelo en el campo de deportes del colegio, en medio de una multitud de doscientas personas. Se pondrá frenético y lo alborotará todo.

—Se portará bien, papá.

—¿Cuándo se ha portado bien? *Rosco* solo hace lo que le apetece. Siempre lo ha hecho y siempre lo hará.

—Pero, papá...

—Y aunque se porte bien, tu madre y yo estaremos yendo y viniendo del partido al Rompecocos, que se celebra en el salón de actos. Y allí no van a dejar entrar a *Rosco*.

En eso no le faltaba razón.

—Pediremos un permiso especial —sugerí. Aunque no me gusta reconocerlo, hasta yo me daba cuenta de que era un argumento muy débil.

—Sam, ¿no has oído lo que te he dicho? La respuesta es no. Ene, o. —Jolines, ya estaba deletreando las palabras… Cuando hace eso, significa que la discusión se ha terminado—. Voy a por mi chaqueta, niños —anunció entonces—. Preparaos para salir al colegio en cinco minutos.

Mi cerebro iba a mil por hora mientras me terminaba las gachas. Si me hacían salir del banquillo para jugar, necesitaría un amuleto de la suerte. Y si no podía tener los calcetines de monitos, entonces necesitaría un plan B. Es decir, a *Rosco.* Los espíritus habían hablado, ¿no? Ellos le habían enviado a nuestra *kiva.* Y las cosas que suceden en una *kiva* son sagradas.

Miré a mi alrededor, buscando desesperadamente una solución en la cocina. La nevera, los fogones, el tablón lleno de notas y menús de comida para llevar, el calendario, la estantería de las especias, el teléfono... ¡El teléfono!

—Emily, ¿te importaría salir un momento?

—Sí —respondió ella.

Debería habérmelo imaginado. Tendría que pasar al siguiente nivel.

—Emily —le dije en un tono de voz dulce—, hace un rato *Catalina* estaba en el alféizar de la ventana de la habitación de papá y mamá, e iba en dirección a la escalera de incendios.

—¿Estás de broma?

—Puede ser —contesté—. Pero yo en tu lugar no me fiaría de mí mismo e iría a asegurarme.

Aquello coló. Mi hermana dejó el libro y salió pitando hacia el dormitorio de mis padres.

—¿Sí? —contestó mi abuelo al teléfono.

—Hola, Papá Pete —respondí yo—. Tengo que hablar rápido.

—Muy bien, entonces escucharé rápido.

—Necesito tu ayuda. ¿Podrías venir aquí a las once a recoger a *Rosco* y llevarle al colegio? Quiero que vea mi partido de béisbol, pero papá dice que no puede llevarle él porque tiene que ir al salón de actos y allí no le dejarán entrar. Pero si está contigo, entonces no tendrá que ir al salón de actos. ¿Podrías hacerme ese favor?

—¿Está de acuerdo tu padre?

—Mientras *Rosco* se porte bien, no le importará —contesté—. Puedes llevarle con correa.

—Espero que te refieras a *Rosco* y no a tu padre —comentó Papá Pete. Al oírlo, me reí—. Allí estaremos —me prometió—. Un abuelo grandote y orgulloso y un perro chiquitín y loco.

—Te quiero mucho, Papá Pete —le dije. Y eso es una verdad como un templo.

CAPÍTULO 20

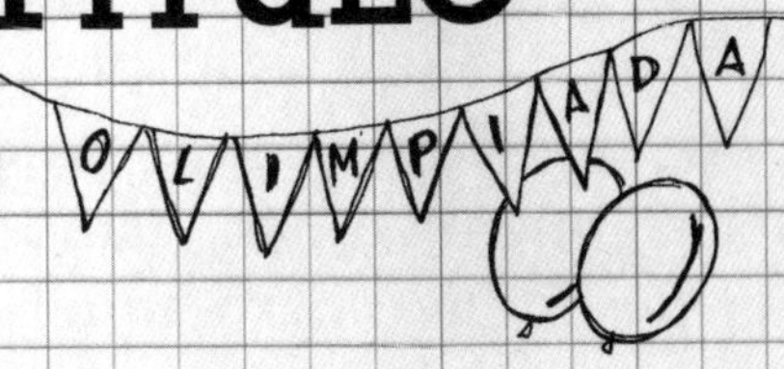

El día de la Olimpiada es una fecha muy señalada en nuestro colegio. Todo estaba decorado para la ocasión. En el comedor había banderines y en los tablones de anuncios había carteles que decían «ARRIBA LOS AZULES» o «LOS AMARILLOS GANARÁN». Hasta las papeleras estaban envueltas en papel pinocho de colores. Normalmente son de color verde, que es el color de nuestro cole. Pero el día de la Olimpiada, la mitad son azules y la otra mitad, como habréis adivinado, amarillas.

Cuando llegamos al colegio, el director estaba esperando en la entrada. Lo suyo sí que era espíritu escolar. De hecho, rebosaba espíritu escolar. Hasta su ropa estaba de fiesta. Para empezar, llevaba una bufanda que le había tejido su mujer, mitad amarilla y mitad azul. Me di cuenta de que la parte amarilla le colgaba por delante del abrigo, y la parte azul, por detrás. Me pregunté si eso querría decir que, en el fondo, era un hincha del equipo amarillo.

—No te pierdas los zapatos —me susurró Frankie.

El director lleva siempre unos zapatos negros con velcro que rechinan cuando se pasea por los pasillos de linóleo, pero aquel día había dejado en casa esas preciosidades y se había puesto otro par de zapatos con tiras de velcro. Uno de ellos era azul, y el otro, como habréis adivinado, amarillo.

—¿Dónde encontrará zapatos así? —les dije a Frankie y a Ashley en un murmullo.

—¿En una tienda para payasos? —supuso Frankie.

—No, tonto, son tuneados —replicó Ashley—. Seguro que se ha comprado unos zapatos blancos y los ha pintado con rotuladores.

—Pues espero que no se ponga a llover —dijo Frankie—, o acabará con zapatos a lunares.

—Buenos días, muchachos —nos saludó el dire con su entonación de altavoz—. Bienvenidos a la Olimpiada.

—Hola, señor Love —musitamos todos.

—Recuerden, chicos: el cuerpo, la mente y el espíritu ganan hoy por igual, tanto si alcanzan ustedes la victoria como si no. No se pierde cuando se gana, y no se pierde cuando se pierde. ¿Verdad, señor Zipper?

—Claro que sí, señor director —respondí, aunque no había entendido nada de lo que había dicho. Todo lo que dice parece sacado de algún superimportante libro de la biblioteca. Estoy seguro de que, el día que alguien comprenda lo que está diciendo, lo escribirán todo para la posteridad.

—Bueno, ¿y en qué equipo va a participar hoy, señor Zipper? —me preguntó.

Yo no contesté, pero Ashley saltó enseguida.

—Será lanzador en el equipo amarillo de béisbol —dijo sin pestañear—. Y no sé si lo sabe ya o no, señor Love, pero yo soy la primera chica entrenadora de un equipo de béisbol en la historia de este colegio.

—Claro que lo sé, entrenadora Wong. Me leo el boletín de cabo a rabo. Hemos llegado a una nueva edad para las mujeres, y la edad que tengan no es obstáculo en la edad en la que estamos.

Cáspita, había vuelto a hacerlo. Creo que esa frase irá en el mismo libro. A lo mejor lo podrían llamar *Frases largas sin pies ni cabeza,* de Leland Love. Yo no dudaría en sacarlo de la biblioteca.

Estábamos llegando a la escalera cuando vimos a McChinche bajando a toda prisa por ella. Se había puesto ya su camiseta azul y llevaba las bases para montar el diamante de béisbol.

—Hola, aficionados —nos saludó—. No sé ni para qué os molestáis en aparecer por aquí. No tenéis ninguna posibilidad de ganar. Os vamos a machacar.

—Sí, qué risa, y yo soy poetisa —dijo Frankie.

Por más veces que oiga a Frankie decir eso, siempre me hace reír.

—Y yo soy poeta —replicó Nick, y se puso a reír como una hiena, como si lo que había dicho tuviera alguna gracia. De hecho, su réplica era tan poco graciosa que fue imposible darle una contrarréplica—. ¡Chupaos esa! —exclamó, y me dio un golpe con los dedos en la barbilla—. Y buena suerte con vuestra arma secreta. Espero que no os falle hoy.

Cuando llegamos al primer piso, nos cruzamos con el señor Rock en el pasillo. Es nuestro profe de música, y una persona genial. De hecho, fue el primer profesor que me comentó que podía tener problemas de aprendizaje. Y no hizo que me sintiera mal cuando me lo dijo.

—Hola, chicos. Corred a clase y poneos las camisetas. Tenéis que calentar antes del partido —nos avisó—. Ashley, ¿tienes tu alineación preparada?

—Bastante —respondió ella—, aunque Sam se resiste a ser mi lanzador.

—Id tirando vosotros dos —les dijo el señor Rock a Ashley y a Frankie—. Dejad que hable un momento con Sam.

Yo intenté evitar su mirada, porque cuando el señor Rock te mira a los ojos, no tienes más remedio que confesarle la verdad.

—Bueno, ¿qué pasa? —me preguntó—. ¿Tienes nervios de última hora?

—De última hora, de primera y de las horas de en medio —le contesté—. No soy un buen lanzador. Todo el mundo lo sabe.

—Ashley está segura de que lo eres. Y Frankie también. Me han dicho que eres el arma secreta del equipo, que tienes un lanzamiento muy rápido.

—Solo me salió un día, y luego se fue. No sé ni de dónde salió, ni adónde se ha ido.

—Está aquí dentro —repuso el señor Rock, señalando mi pecho—. Si te salió una vez, puede salirte más veces. Únicamente tienes que concentrarte en lo que estás haciendo.

—Eso solo le funciona al resto de la gente. A mí, no.

De pronto, empezó a oler como si hubiera cerca una lata de atún rancia. El señor Rock debió de notar lo mismo, porque los dos giramos la cabeza a la vez. En efecto, allí estaba McChinche, el de la boca apestosa, soltando ráfagas de mal aliento. Me miré la camiseta y vi que el tejido empezaba a arrugarse.

—¿Qué, una charlita antes del partido? —dijo, echándome encima su aliento de pescado.

—Nick, ¿seguro que no tienes nada que hacer en otra parte? —terció el señor Rock.

—Sí, arrasar en el montículo del lanzador —contestó McChinche con una sonrisa—. Os voy a comer enteros a los del equipo amarillo. —Luego me dio una palmada en la espalda con su zarpaza—. Este pequeñín será mi primer plato —añadió, y se fue galopando por el pasillo.

Yo miré al señor Rock y le dije:

—¿Para qué molestarse? Yo he nacido para calentar el banquillo.

—Sam, hay una decisión que tienes que tomar, y hoy es el día perfecto para hacerlo. ¿De verdad quieres quedarte sentado en el banquillo para siempre? ¿O vas a salir a jugar con los demás?

El señor Rock no dijo nada más. Simplemente se dio la vuelta y se marchó.

La vida está llena de preguntas, ¿a que sí? Ojalá tuviera respuestas para algunas de ellas…

CAPÍTULO 21

«¿Cómo he venido a parar al montículo del lanzador? Desde luego, no será por no haberles dicho que no una y otra vez a Ashley, a Frankie y a cualquiera que me haya escuchado. Y, sin embargo, aquí estoy, delante de doscientas personas, todas pendientes de mí, esperando a que haga algo. Cualquier cosa».

El director estaba de pie al lado de las gradas, mirándome mientras daba golpecitos en el césped artificial con sus zapatos de velcro.

Eran las doce en punto. Llevábamos casi una hora jugando, y el marcador estaba 6 a 5 a favor de mi equipo, el amarillo. Era la última entrada del partido, y el equipo azul estaba al bate. Todavía podían anotar y ganar el partido.

Mi equipo había utilizado a cuatro lanzadores y, por un motivo u otro, todos habían tenido que abandonar el campo. Incluso nuestro jugador estrella, Ryan, que había jugado de lanzador en todos los partidos de la liga menor desde primero sin un solo esguince, había tenido que volver al banquillo. Normalmente Ryan es una máquina lanzabolas, pero justo en la última entrada del partido de la Olimpiada había tropezado con la segunda base cuando corría hacia la tercera, y había caído sobre la mano derecha. Precisamente la que utilizaba para lanzar.

Yo había pasado todo el partido sentado en el banquillo. En realidad, había estado sentado sobre el guante con la pelota dentro, lo que no es muy cómodo que digamos. Papá Pete aún no había llegado con *Rosco*. Mi nivel de confianza era tan bajo que lo tenía más o menos a la altura de los tobillos, pero cuando vi que Ryan se pillaba el pie izquierdo con el saco de la segunda base, me desinflé por completo. Ryan voló por los aires como a cámara lenta y, como os decía, cayó sobre la mano de lanzar.

En las gradas todos se levantaron, pero en el campo había alguien que se puso a chocar las manos con sus compañeros de equipo. Ya sabéis quién era..., claro que lo sabéis: era el chinche de Nick McKelty.

—¡Toma ya! —gritaba el muy zopenco—. ¡Han perdido a otro lanzador! ¡La victoria es nuestra!

La señora Adolf, que actuaba como árbitro, corrió todo lo que pudo para comprobar si Ryan se había hecho daño. Vi que él hacía un gran esfuerzo por no llorar delante de todo el mundo. Sé lo duro que es eso, así que me puse a gritar:

—¡Ánimo Ryan! ¡Eres el mejor!

Ashley quiso enviarme al montículo en lugar de Ryan, pero yo le dije que no. Antes de salir al campo de juego, prefería esperar a que apareciera *Rosco*. Por tanto, puso a Heather, que consiguió eliminar a Sasha, cosa que no fue muy difícil porque Sasha acababa de mudarse desde Rusia, y allí no juegan al béisbol. Después, Heather lanzó una bola pesada y lenta a Héctor, que bateó y llegó a la segunda base. Entonces Ashley pidió tiempo muerto.

Ella y Frankie corrieron hacia mí. Yo estaba en el banquillo, detrás de una alambrada, y como Ashley y Frankie estaban al otro lado, aquello parecía un programa de la tele en el que ellos venían a visitarme a la cárcel.

—Sam, te necesitamos —me dijo Ash.

—No, no me necesitáis —contesté.

—Sí, sí te necesitamos —terció Frankie—. Es la última entrada. Solo hemos eliminado a un bateador. Si terminan la carrera, empatan. Y Heather no es capaz de lanzar ni una canica. Necesitamos que salgas tú, Zip, o podríamos perder el partido.

—Creéis que me necesitáis, pero es porque no os funciona bien la cabeza —comenté.

—¡No tenemos más lanzadores! —insistió Ashley—. ¡Por favor! ¡Sé que puedes hacerlo! Como entrenadora, mi trabajo es saber esas cosas. Ya lo has hecho antes, Sam.

—Oye, Frankie, ¿y si lo haces tú? —sugerí.

—No puedo, yo soy receptor —contestó él—. Sam, respira hondo, muy hondo. Es muy fácil, tú limítate a escuchar el sonido de mi voz.

—Sam, puedes hacerlo. Mejor dicho: tienes que hacerlo. Tú mantén la mirada fija en el sitio al que quieres que vaya la bola —dijo Frankie, acercándose a mí—. Yo estaré contigo. Podemos hacerlo.

—Tengo mucho miedo. Me tiemblan las manos —susurré, y me las metí en el bolsillo para que nadie se diera cuenta de que me temblaban.

Eché un vistazo desesperado a las gradas con la esperanza de que mi abuelo hubiera llegado con *Rosco*. No estaba allí, pero sí que vi a mis padres, que entraban en ese momento. Emily iba con ellos, y parecía muy contenta. Seguro que en el Rompecocos había hecho morder el polvo a todo el mundo. En cambio, allí estaba yo, muerto de miedo, incapaz de salir al campo de juego.

De pronto, Nick McChinche empezó a gritarme desde el banquillo del equipo azul.

—El lanzador tiene retortijones, el lanzador tiene jaqueca..., ¡el lanzador tiene miedo!

Su equipo estalló en carcajadas. La señora Adolf abandonó su posición detrás de la base de meta y vino derecha hacia nosotros. No es que me guste reírme de nadie, pero la tendríais que haber visto con el uniforme de árbitro. Era como un animal prehistórico. Con la máscara, el peto y las espinilleras que la cubrían de las rodillas a los tobillos, parecía un brontosaurio muy enfadado. Caminaba con las piernas tiesas por culpa de las espinilleras, y mientras se acercaba a nosotros iba levantando una nube de polvo.

—Oh, no, justo lo que me faltaba —le dije a Ashley, que se dio la vuelta a tiempo de ver cómo aquel temible adolfosaurio se plantaba frente a ella.

—Entrenadora, ¿se puede saber cuál es el problema? —le espetó.

—Solo estoy decidiendo quién sale ahora al montículo.

—Pues si no tomas una decisión ahora mismo, es decir, en quince segundos, el equipo azul ganará automáticamente. ¿Ha quedado claro? —dijo la profesora.

—Señora Adolf, necesitamos que Sam salga a jugar, pero él tiene miedo de quedar en ridículo —le explicó Frankie.

—Concéntrate y ya está —me recomendó la señora Adolf—. Mantén la mirada fija en el sitio al que quieres que vaya la bola.

—Eso es justo lo que le ha dicho Frankie —observó Ashley.

—Palabra por palabra, en serio —añadió Frankie.

«Genial, esto es genial. Repasemos la situación. Mis padres están aquí con la listilla de mi hermana. Nick McChinche está provocándome a gritos y su equipo está partiéndose de risa a mi costa. La señora Adolf me ha dado quince segundos para salir al montículo y ponerme en evidencia por siempre jamás, y mi equipo me necesita para no perder el partido. Y yo estoy..., ¿cómo estoy yo? —pensé—. Pues estoy a punto de desmayarme».

CAPÍTULO 22

«Sam, es ahora o nunca —me dije a mí mismo—. Vamos, pies. Entrad en el campo. Preparados, listos, ya».

—Está bien, Frankie. Vamos allá.

Y allá me fui. Entré en el diamante sin pronunciar ni una palabra más. No miré ni a un lado ni a otro. Ni siquiera miré a mis padres. De repente, sin que viniera a cuento, oí una orquesta tocando una marcha en mi cabeza mientras me dirigía al montículo del lanzador.

—Concéntrate, Sam —me repetía una y otra vez.

Me giré hacia la base de meta. Frankie ya estaba en su puesto, acuclillado en la postura del receptor.

Y entonces... ¡se hizo el silencio!

No es broma. Si el público estaba vociferando, si McChinche estaba gritando como un energúmeno, no oí a nadie.

A través de la máscara del receptor Frankie me clavó una mirada de lo más intensa. Era como si hubiera un hilo que uniera sus ojos con los míos.

Movió la cabeza arriba y abajo, asintiendo como a cámara lenta. Supe lo que estaba diciéndome: «Puedes hacerlo, Sam. Mantén la mirada fija en mi guante. Adelante, Superzip». Y todo eso lo dijo con un movimiento de cabeza.

Íbamos ganando solo por una carrera, y nos faltaban dos eliminaciones para terminar la última entrada antes de que Héctor, que estaba en la segunda base, terminara la carrera y empatara con nosotros. Katie iba a batear.

«La chica más guapa de la clase, o al menos una de las dos más guapas, está en la base de meta con el bate encima del hombro y su larga melena roja al aire. Está mirándome..., esperando el momento —me dije, y luego me grité a mí mismo en silencio—: Lánzala, Sam».

Los ojos de Frankie estaban gritando lo mismo.

Planté los pies en el montículo, que en realidad era una tira de goma en la que cabía justita la zapatilla. Empecé a tomar impulso. Primero giré la parte de arriba del cuerpo hacia la segunda base, mientras que la parte de abajo seguía de cara a la base de meta. Después levanté la pierna izquierda. No..., la derecha. Luego me doblé por la cintura de forma que mi cabeza apuntara a la tercera base. En todo momento mi mano derecha sujetaba la bola, apretada en la palma del guante. A continuación, estiré los brazos en dirección a la primera base, los levanté sobre mi cabeza tan alto como pude y lancé una pelota baja hacia el guante de Frankie.

Así era exactamente mi técnica personal.

A ese lanzamiento tan chulo lo llamo la Bola Samtástica, un nombre que me vino a la cabeza en aquel momento.

Seguro que mi técnica parecía un poco extraña, porque todos los del público se quedaron mirándome con la boca abierta.

La pelota voló por el espacio que me separaba de Katie y, ¡zas!, pasó de largo y fue a parar al guante de Frankie.

—¡*Strike* uno! —gritó la señora Adolf mientras levantaba la mano para indicar el golpe fallido.

Antes de volver a preparar el bate, Katie me miró y ladeó la cabeza como diciendo: «No te pases, Sam..., que soy yo, Katie».

Frankie sabe que no soy muy bueno atrapando pelotas, y por eso me la devolvió de forma que cayera en el suelo y rodara hasta mí. Entonces la recogí con el guante y me preparé para lanzar otra Bola Samtástica. La lancé igual que antes, solo que esta vez Katie bateó la bola, que se fue directamente hacia mí.

Me invadió el pánico. Ya os he dicho que no se me da bien atrapar pelotas, ¿verdad? Pero tampoco quería que cogiera la bola el otro equipo, así que giré el cuerpo hacia la derecha y la paré con mi parte izquierda. TODA mi parte izquierda. Ay, ay. Uy, uy. Cómo dolía.

«Mañana voy a tener una enorme mancha negra y morada en el costillar. Pero no puedo pensar en eso ahora», me dije.

De este modo, la bola cayó al suelo cuando la intercepté. La recogí y se la lancé al jugador de la primera base, que la atrapó y tocó la base.

—¡Bateador fuera! —le indicó la señora Adolf a Katie.

Eliminada, Katie volvió al banquillo sin mirarme. Su equipo la vitoreó diciendo: «¡Muy bien, Katie! ¡Buen intento!».

Nick McKelty le dio una palmada en la espalda con esa pala que tiene por mano, y la pobre casi se cayó de morros sobre el banquillo.

Llevábamos dos eliminaciones. Una más y el partido sería nuestro.

«Oh, no, va a salir McChinche», observé entonces.

De camino al cajón del bateador, Nick cogió uno por uno todos los bates que estaban apoyados en la alambrada, y al final se decidió por uno al que llama «Belleza de Aluminio».

Mientras se acercaba a la base de meta, no apartó la mirada de mí ni un segundo. Tampoco dejó de hablar.

—Oye, ziplodocus, ¿vas a parar mi bola con la cabeza? Zipitajo, ¿sabías que lanzas como un ratón? Venga, enséñame lo que sabes hacer. Ah, es verdad, que no sabes hacer nada…

—Nicholas, recuerda que hay que practicar la deportividad —le dijo la señora Adolf, como si un descerebrado como él supiera lo que eso significaba.

Justo antes de que McChinche se pusiera en posición, señaló con el bate hacia el extremo del campo y gritó:

—¡Allí voy a enviar la bola!

Al director le pareció genial, y sonrió mientras McChinche balanceaba el bate en el aire en dirección a la avenida Amsterdam, que quedaba justo detrás de la valla.

«*Rosco*, ¿dónde estás? Te necesito, chico. Necesito un amuleto de la suerte. No puedo hacer esto solo».

Noté que estaba viniéndome abajo y cerré los ojos. Estaba empezando a ver borroso.

«Venga, Papá Pete. ¿Dónde estás? Porfa, porfa, porfa, ven con *Rosco*».

Cuando abrí los ojos, vi una nube de polvo moviéndose bajo las gradas. Un pequeño tornado estaba abriéndose paso bajo la segunda fila, y todos los que estaban sentados allí empezaron a agitar los brazos para apartar la polvareda.

«Espera un momento. ¿Ese de ahí es Papá Pete, gateando detrás de la nube de polvo?».

Por suerte y por desgracia, la respuesta a esa pregunta era sí. Por un lado, mi deseo se había cumplido: mi abuelo había llegado con *Rosco*. Pero, por otro lado, mi perro se había soltado de la correa y mi abuelo intentaba atraparle mientras *Rosco* daba vueltas entre las gradas en dirección al campo de juego. Cada vez que lo agarraba, mi perrito loco ladraba y se le escapaba girando como una bailarina clásica fuera de control. *Rosco*, mi pequeño torbellino, estaba acercándose al cajón del bateador. Y muy rápido, debería añadir.

McChinche se apartó de un salto justo a tiempo, pero la señora Adolf no fue tan rápida de reflejos. *Rosco* entró en el diamante como un ciclón y empezó a dar vueltas alrededor de ella en un baile frenético. Mi profesora intentó apartarse, pero no tenía mucha libertad de movimientos con aquel uniforme de árbitro. *Rosco* se metió entre sus pies sin parar de girar, y la señora Adolf se desplomó como un saco de patatas. Se quedó desparramada entre el polvo, como si fuera un fósil de brontosaurio en un yacimiento. La guinda la puso Papá Pete cuando llegó arrastrándose como un cangrejo gigante, intentando atrapar la correa de *Rosco* un segundo antes de que aquel perro descontrolado saliera otra vez pitando.

Yo no daba crédito a mis ojos. En cualquier caso, de una cosa estaba seguro:

«Mi vida tal como la conozco termina en este momento».

Para eso habían servido los espíritus *hopi.*

CAPÍTULO 23

Tardamos algunos minutos más en atrapar a mi perro. Mis padres salieron corriendo al campo de juego, y Emily también, pero *Rosco* se escapaba cada vez que intentaban pillarle. Fue Papá Pete quien lo capturó al final, lanzándole encima su chaqueta de chándal roja y cogiéndolo después en brazos. Pobre *Rosco*, parecía un gran plátano rojo, envuelto en la chaqueta. Todo el público se reía a carcajadas, y cuando mi perrito asomó la cabeza, se le veía asustado.

—Tranquilo, amiguito —le dijo mi abuelo con una voz muy suave—. Saludemos a toda esta gente tan simpática.

Entonces cogió una de las patitas de *Rosco* y la agitó en dirección a las gradas. El público estalló en vítores, y vi que el rabo de mi perro empezaba a menearse debajo de la chaqueta. Me alegré de que ya no tuviera miedo.

Por suerte, la señora Adolf no se había hecho daño. Supongo que su armazón de brontosaurio había amortiguado la caída, aunque se ensució bastante. Mientras mis padres la ayudaban a sacudirse el polvo de encima, Frankie y Ashley se acercaron al montículo para ver cómo estaba yo.

—Bueno, pues ahí tienes a tu poderoso espíritu animal —dijo Frankie señalando a *Rosco*, que seguía acurrucado en brazos de Papá Pete. Como no le contesté, Frankie chasqueó los dedos delante de mi cara y exclamó—: ¡Zip, despierta! Mírame. Todavía tenemos un partido que ganar, ¿te acuerdas?

—¿Qué voy a hacer ahora? —quise saber—. No puedo concentrarme en el partido.

—Escúchame, Sam, olvídate de los calcetines —respondió Frankie con voz resuelta—. Olvídate de *Rosco*. Simplemente concéntrate en mi guante y lanza la bola.

—Haz el lanzamiento que todos sabemos que puedes hacer —terció Ashley.

—¿La Bola Samtástica? —dije—. Puede que me queden un par de lanzamientos de esos.

—¿Lo ves? A eso me refería yo —dijo Frankie—. Ese es el espíritu, Zip.

—El espíritu *hopi*, para más señas —remachó Ashley, y me lanzó una enorme sonrisa. He de reconocer que tengo unos amigos maravillosos.

—¡Juego! —gritó entonces el adolfosaurio desde su puesto, detrás de la base de meta.

McChinche volvió al cajón del bateador.

—¿Qué pasa? —gritó, y me pareció oler su mal aliento desde el montículo—. ¿El lanzador tiene retortijones? Venga, Zipitajo, que estoy impaciente por ganar.

—Concéntrate, Sam —me dije entre dientes.

Mis padres habían vuelto a las gradas. Al principio les vi bastante enfadados, pero ahora estaban concentrados en mí y en el partido. *Rosco* estaba dormido en la chaqueta de Papá Pete, y Emily tenía los dedos cruzados detrás de la espalda. Me sonrió y vi que articulaba las palabras «Buena suerte». Sí, lo habéis leído bien. Emily Grace Zipper me sonrió y me deseó buena suerte. ¿Sabéis?, en los momentos difíciles no está mal tener una hermana.

Miré a Héctor, que seguía en la segunda base. Llevaba tanto tiempo allí que debía de tener las piernas muy cansadas.

«Bueno, vamos al tema», pensé.

Frankie se agazapó en posición. Me señaló y luego se señaló a sí mismo, recordándome que estaba conmigo. Le respondí asintiendo. Como por arte de magia, el sonido del público empezó a apagarse otra vez, y yo tomé impulso para lanzar una Bola Samtástica.

Giré el cuerpo a un lado y estiré las piernas hacia el otro. Levanté las manos hacia la primera base y entonces las arrojé hacia delante como una flecha. La bola se convirtió en un águila que pasó volando junto a Nick McChinche antes de que este pudiera batear.

—¡*Strike* uno! —anunció la señora Adolf, haciendo una seña con un dedo.

«¡No me lo puedo creer! ¿Acabo de hacer eso?».

Frankie se puso en pie y se arrancó la máscara de la emoción. No dijo nada, pero no hacía falta. Volvió a colocarse la máscara y me devolvió la pelota lanzándola de manera que cayera a unos palmos de distancia y rodara hasta mi guante.

Esa vez, cuando empecé a preparar el lanzamiento, me sentí diferente. Mi cuerpo se relajó, y dejé que mis brazos, mis piernas, mi cintura y mi mano se movieran de forma fluida.

¡Chas!

La pelota se separó de mis dedos, pero McChinche se concentró en ella. Su mirada era como un rayo láser intentando atraer la bola hacia su bate. Balanceó su «Belleza de Aluminio» y golpeó la pelota con fuerza, pero salió disparada hacia atrás, ¡donde estaba la señora Adolf! Sin embargo, mi profe se dejó caer de rodillas antes de que la alcanzase la bola, que siguió su camino hasta la alambrada.

«¡Qué máquina! A lo mejor, la señora Adolf era jugadora profesional antes de dedicarse a la enseñanza... Se tira al suelo igual que en los partidos de la tele», me dije.

La señora Adolf se levantó y se quitó el polvo de encima con un cepillo que luego usó para retirar la tierra de la base de meta.

—¡*Strike* dos! —gritó.

Esta vez, Frankie lanzó la pelota directamente hacia mi guante... ¡y la cogí!

Entonces me giré rápidamente hacia Papá Pete, que lucía una sonrisa tan grande que podía ver todos los dientes bajo su gran bigote. Sentí cómo me llegaba su cariño hasta el montículo.

Dos *strikes*, dos eliminaciones. Con un *strike* más, eliminaría a McChinche y ganaríamos. Pero

Héctor estaba impaciente por lanzarse hacia la base de meta y completar la carrera. McChinche solo deseaba batear la pelota muy lejos y ganar el partido.

«Tengo que confesar que nunca creí que este sueño se haría realidad. Eh, espera un momento, que esto todavía no ha terminado... El último lanzamiento podría convertirse en una pesadilla», pensé.

Torcí el cuerpo hacia la segunda base y levanté una pierna como si fuese un avestruz. En aquel instante, mientras orientaba la cabeza hacia la tercera base, perdí la concentración. Cuando solté la bola, no salió disparada: cayó al suelo y rodó junto a los pies de McChinche como si hubiera diez bolos detrás de la base de meta.

—¡Bola uno! —señaló la señora Adolf.

—¡Oye, Zipitajo, que no estás en la bolera! —chilló Nick—. Este deporte se llama béisbol, ¿recuerdas? Ah, es verdad, tú eres incapaz de recordar nada.

—¡Dale caña, Sam! —gritó Ashley desde el banquillo—. ¡No escuches a ese berzotas y lanza ya! ¡Necesitamos otro *strike*! ¡A ver ese *strike*!

Miré a Frankie y me incliné un poco hacia él. No sé por qué lo hice, pero como lo hacen todos los lanzadores de los Mets, pensé que podría intentarlo.

Él señaló el centro de su guante y luego le dio tres golpes fuertes. Estaba diciéndome que colocara la bola allí. Pero ¿podría hacerlo otra vez? Solo necesitaba un *strike* más. ¿Conseguiría lanzar otra Bola Samtástica?

—Oye, Zipper, ya sabemos que no haces nada bien. ¿Para qué intentarlo? —siguió vociferando McChinche—. Tú ponme la bola delante para que la tire sobre la valla y gane el partido.

Me tomé un momento para recomponerme. La señora Adolf movió la cabeza para vigilar mejor la trayectoria de la bola. Frankie estaba quieto como una estatua, con el guante frente a él formando un blanco perfecto para mí. Todo el público sabía lo importante que era aquel lanzamiento. Mis padres, los padres de Frankie, los padres de Ashley, el señor Rock y la doctora Lynn estaban esperando de pie.

Miré a mi madre, a mi padre, a Papá Pete y a Emily. Todos los miedos que había tenido en mi vida acudieron en tropel a mi cabeza.

«Ahora o nunca, Sam. ¿Qué vas a hacer? Lanza la bola como tú sabes», me dije.

«Para ti es fácil decirlo», me contesté a mí mismo.

Giré la parte de arriba del cuerpo hacia la segunda base y mi pierna empezó a despegarse del suelo por sí sola, como si estuviera flotando. Dirigí la cabeza hacia la tercera base, y esta vez preparé a conciencia la Bola Samtástica, sin dejarme ni una parte. Luego fijé la mirada en el centro del guante de Frankie y dejé que la pelota saliera volando desde mis dedos.

El bate de McChinche empezó a rotar desde el hombro hacia abajo, rodeando su cuerpo, y golpeó la bola muy fuerte. Tan fuerte que sentí lástima por ella.

¡Plaf!: el ruido del choque con la pelota resonó en mis oídos, y todo lo que ocurrió después pareció transcurrir a cámara lenta.

Frankie se arrancó la máscara sin despegar la mirada de la bola. Todas las cabezas del público se levantaron para seguir su trayectoria en el aire. La señora Adolf se levantó la máscara y miró al cielo. Ashley apretó la cara contra la alambrada. Mi madre se agarró al brazo de mi padre, ambos con la mirada fija en aquella bola.

En el campo, todos los jugadores del equipo amarillo contemplaron la pelota, haciéndose visera con los guantes. Los miembros del equipo azul que estaban en el banquillo corrieron a la alambrada y se apoyaron en ella para ver dónde caería la bola.

Y la pelota... Pues la pelota, en lugar de ir hacia la valla del campo izquierdo, había salido disparada hacia arriba en línea recta y estaba volviendo al suelo, justo por encima de mi cabeza.

De una cosa estoy seguro, y es de que no puedo atrapar una pelota estando bajo presión. Por eso, salí enseguida del montículo y me aparté hacia la primera base para despejar el camino a Frankie. Mi amigo llegó corriendo desde la base de meta justo a tiempo para atrapar la pelota. Como una sola persona, los dos nos giramos hacia Nick y le gritamos al unísono:

—¡Estás fuera!

A la señora Adolf no le quedaba más que levantar el pulgar, la señal para decir «¡Bateador fuera!». Nick la miró atónito.

«¡Toma ya!», me dije.

¡Con mi lanzamiento había obligado a McChinche a dar un batazo vertical! Caí al suelo, lleno de emoción, orgullo y perplejidad.

Todos los del equipo amarillo llegaron corriendo y se abalanzaron sobre mí, chillando y vitoreándome. Yo me quedé enterrado bajo la pila que se formó, asomando la cabeza a duras penas. Ashley estaba tumbada en el suelo frente a mí. Tenía las gafas torcidas y la gorra de béisbol ladeada.

—¡Sam, lo has conseguido! ¡Lo has conseguido! ¡Estoy muy orgullosa de ti! —rio.

—¡Eh, que no puedo respirar! —intenté gritar.

Uno por uno, mis compañeros abandonaron la montaña humana. Creí que, cuando todos se hubieran quitado de encima, estaría más plano que una galleta..., en serio.

Frankie ayudó a los demás a salir, y entonces tiró de mí para levantarme.

Para eso están los buenos amigos. No tuvo que decirme ni una palabra. Cuando me miró a los ojos, supe lo que estaba pensando, porque yo pensaba lo mismo que él.

Yo también me alegraba de ser su amigo.

CAPÍTULO 24

Estábamos sentados en el escenario del salón de actos, el equipo azul a la izquierda y el amarillo a la derecha. Los padres e invitados estaban en las butacas, y los profesores se habían situado a lo largo de las paredes. Todos estaban esperando lo mismo: el momento de saber qué equipo había ganado la Olimpiada.

El señor Love estaba dando una charla sobre lo bueno que es competir para el desarrollo de la personalidad, pero yo estaba demasiado emocionado como para escucharle. Lo único que me interesaba saber era si el equipo amarillo había ganado y si me colgarían una medalla del cuello. Era consciente de que no debía importarme ganar o perder, pero con una medalla de oro en juego me parecía imposible. ¿Quién no quiere una medalla? Nadie que yo conozca.

—Tengo los dedos cruzados —le susurré a Frankie. Y vaya si los tenía cruzados. De hecho, se me estaban poniendo azules de cruzarlos con tanta fuerza.

—Así pues —seguía diciendo el director—, nuestra competición de hoy forma parte de una cadena que puede remontarse hasta las raíces de la competición, cuando los seres humanos comprendieron por primera vez que competir es la esencia de la competición.

Si dieran una medalla de oro a las frases que se te atascan en el cerebro porque no hay manera de comprenderlas, creo que el señor Love tendría una colección entera colgando del cuello.

—Y ahora anunciaremos los resultados de la Olimpiada —dijo.

—Por fin —murmuró Ashley.

Mi amiga se había puesto una gorra de béisbol blanca que llevaba las palabras «VIVAN LAS ENTRENADORAS» escritas con estrás amarillo.

—Sea quien sea el ganador, tú ya has hecho historia —le comenté.

—Pues tú también has entrado en el libro de los récords —me contestó con una sonrisa—. La primera Bola Samtástica de la humanidad… Nadie podrá volver a repetir eso.

—Ni siquiera yo —apunté.

—Eso seguro —dijo Frankie—. O no soy poetisa.

—Frankie, pero si no eres poetisa —repliqué, y los tres nos reímos.

—Quiero llamar al escenario a los tutores de ambos equipos —dijo el director Love—. El señor Michael Sicilian, a cargo del equipo azul. —Todos los de su equipo aplaudieron como locos—. Y, a cargo del equipo amarillo, la señora Malva Adolf.

Frankie, Ashley y yo nos miramos boquiabiertos.

—¿Malva Adolf? —repetimos los tres a la vez.

—¿O sea, malvadolf? —dijo Ashley.

—¡Que nombre tan adecuadolf! —exclamé yo.

—Nunca lo habría adivinadolf —apuntó Frankie—. Es demasiado gracioso para ser verdad.

Entonces Ashley empezó a canturrear con un fino susurro:

—Malva Adolf es un ser malvadolf, es un ser malvadolf...

Tuvimos que hacer un gran esfuerzo para no reírnos, y os aseguro que no éramos los únicos alumnos del auditorio que se aguantaban la risa.

Miré al público y vi a mis padres. Mi madre me fulminó con una de esas miradas de las suyas. Ya sabéis cuál es. Es la misma mirada que te lanza tu madre cuando a tu tía se le ha escapado un pedo en la mesa y, aunque es lo más gracioso que hayas oído nunca, tienes que hacer como que no ha pasado nada.

—Hemos sumado las puntuaciones —dijo el director—. Como todos sabemos, el equipo azul, liderado por Emily Zipper, ha ganado la competición Rompecocos de la Olimpiada, adjudicándose cien puntos.

Miré hacia donde estaba Emily. Se la veía tan contenta que me alegré de verdad por ella. Sinceramente, y de corazón. Luego eché una ojeada a Robert, que estaba sentado con nuestro equipo, y tenía la misma sonrisa de oreja a oreja que se le pone a *Rosco* cuando le damos una golosina.

—En la competición de béisbol —siguió el director—, la victoria es para el equipo amarillo, que se anota cien puntos. Mención especial merece el arma secreta del equipo, el señor Sam Zipper.

Todo el mundo empezó a aplaudir y yo creí que las orejas se me iban a despegar de la cabeza. Era el mejor sonido que había oído jamás. Nunca pensé que podría hacer lo que había hecho aquel día, y encima había una sala llena de gente aclamándome. Miré a los que aplaudían a mi alrededor y vi poco más que un borrón. Pero sí que distinguí a la doctora Lynn y al señor Rock, que me sonreían y aplaudían muy fuerte. Mis padres parecían muy orgullosos, y Papá Pete se levantó de la butaca y alzó el puño en señal de victoria.

—¡Muy bien, Sammy! —gritó con su fuerte vozarrón—. ¡Así se hace!

Entonces sentí el codo de Frankie en mis costillas.

—Mira eso, Zip.

Señaló hacia el centro del escenario, donde estaba la señora Adolf al lado del director. Ella también estaba aplaudiendo. Repito: la señora Malva Adolf estaba aplaudiéndome.

Y luego dicen que los milagros no existen.

CAPÍTULO 25

Por cierto, ¿he dicho ya que el equipo amarillo ganó la Olimpiada y que me colgaron una medalla del cuello?

Pues sí, la ganamos. Y sí, me la colgaron.

La cosa estuvo muy reñida, a decir verdad. El factor decisivo fue la Triple P, la Prueba de Pulcritud y Perfección. Nuestro equipo sacó muy buena puntuación en ella gracias a Robert. En la categoría de Pupitre Limpio barrió a sus contrincantes llevando a clase una mini aspiradora con la que limpió todas esas virutillas de lápiz que salen del sacapuntas y se acumulan en los rincones del pupitre. El jurado le dio puntos extra por eso.

Este Bonsái a veces puede resultar muy útil…

Pero no os vais a creer lo que acabó tumbando al equipo azul. Os lo explico. El jurado estaba repasando los pupitres del equipo azul y llegaron al del Mocoverde. Mientras examinaban su pupitre para ver si estaba pulcro y perfecto, él metió la mano en el bolsillo de atrás del pantalón, donde guardaba un trozo de sándwich de mantequilla de cacahuete y mermelada por si le entraba hambre. En ese momento le dieron ganas de estornudar, pero no tenía ningún pañuelo a mano. Sacó el sándwich, lo desenvolvió y..., no os lo perdáis, se sonó los mocos en el envoltorio.

Por si eso no hubiese sido suficiente, cuando retiró el envoltorio de su narizota, en la cara se le quedó pegada una mezcla de mocos, mermelada y tropezones de cacahuete, como una especie de *blandiblub*.

Si te has propuesto perder una prueba de pulcritud y perfección, no hay mejor forma de hacerlo. Si hubiera dependido de mí, le habría dado al bueno de Luke puntos extra por crear el mejor moco, pero el jurado no lo vio así. Y en el fondo me alegro, porque, por si no lo había dicho antes, llevo una medalla de oro colgada del cuello.

CAPÍTULO 26

Tras la entrega de medallas, Papá Pete se ofreció a invitarnos a todos para celebrarlo. Nos fuimos a la bolera de McKelty, a cuya cafetería está abonado. Éramos un grupo bastante grande: Frankie y sus padres, Ashley y sus padres, Robert y su madre, Emily, nuestros padres y yo, Papá Pete y, por supuesto, *Rosco.*

Mi abuelo pidió copas de helado para todos menos para *Rosco.* A él le sirvieron su plato favorito, patatas fritas con tomate. Pero no muy picantes, porque si no le entran gases, y os aseguro que no os gustaría estar cerca de mi perro cuando le entran gases.

Papá Pete hizo un brindis por todos los niños, no solo por haber ganado, sino por haber participado en la Olimpiada. Luego yo di unos golpecitos al vaso con una cucharilla para pedir silencio y me puse en pie.

—Quiero dar gracias a los dos mejores amigos que pueda desear cualquier lanzador —empecé a decir—. En primer lugar, a mi entrenadora, Ashley, que nunca acepta un no por respuesta. —Miré a mi amiga y le dije—: Ash, no sé cómo sabías que podía hacerlo, pero gracias a eso me he sentido mejor que nunca.

—¿Mejor que aquella vez que conseguimos una bomba fétida y la tiramos por el hueco del ascensor cuando la señora Fink estaba subiendo?

—¡Ashley! —le susurré—. ¿Estás loca o qué?

Entonces miré a mi madre e hice un gran esfuerzo por reír.

—Esta Ashley... —le dije—. Qué imaginación tiene.

Mi madre me lanzó otra de sus miradas, la que decía «Ya hablaremos de eso tú y yo». Decidí que más me valía seguir inmediatamente con mi discurso, antes de que mis padres tuvieran tiempo de hacerme preguntas incómodas.

—Frankie, eres el mejor —añadí entonces—. Es alucinante cómo me has apoyado en esa última entrada. Sin ti, nunca habría podido hacer lo que Ashley sabía que podía hacer pero yo creía que no podía hacer.

10

—Zip, si hubiera comprendido una palabra de lo que has dicho, me habrías emocionado profundamente.

Todo nuestro grupo se echó a reír.

—Al doctor y la doctora Wong, al doctor y la señora Townsend, y a la señora Upchurch, quiero felicitarles por tener unos hijos tan estupendos —continué—. Y a Papá Pete, que lleva practicando lanzamientos conmigo desde que tengo uso de razón, quisiera nombrarle inventor honorífico de la Bola Samtástica.

—Sammy —dijo mi abuelo, limpiándose el helado que tenía en el bigote—, de todas mis invenciones, entre las que se cuentan la Knackwurst con judías en salsa y el sándwich especial de chucrut con mostaza amarilla montado en pan de centeno, la Bola Samtástica es la que más me enorgullece.

Miré a mi hermana, que estaba sentada al lado de Robert. No quiero que os atragantéis, pero estaban cogidos de la manita.

—Emily, nada de esto habría ocurrido sin tus calcetines de la suerte. Así que gracias por tener unos calcetines así. Y enhorabuena por ganar el Rompecocos. Es una suerte tener una hermana tan lista, más que nada porque me quita mucha presión. Así, por lo menos mamá y papá ya tienen un hijo listo.

Emily se acercó para darme un abrazo. Por suerte, fui lo bastante ágil como para esquivar sus brazos. Tampoco era necesario que se me echara encima. Y, delante de tanta gente, era completamente inaceptable.

—Y, sobre todo, quiero agradecer a mi madre y a mi padre que me hayan enseñado que no es necesario tener ningún amuleto para lanzar una Bola Samtástica.

Mi madre me sonrió y me tiró un beso, cosa que preferiría que no hiciera en público, la verdad, aunque sé de sobra que es inútil impedírselo. Mi padre se quitó el lápiz de detrás de la oreja y me apuntó con él. Eso no os creáis que es poca cosa, porque, a menos que sea para completar una palabra en un crucigrama, nunca saca el lápiz de su escondite permanente.

De pronto noté un chorro de aire caliente en la nuca. Después me pareció oler a cebolla chamuscada en un horno grasiento. Cuando me di la vuelta, me encontré mirando directamente la boca de McChinche. Tenía los dientes orientados en todas direcciones: norte, sur, este y oeste. En todas, menos hacia arriba. Se reía como una hiena.

—La Bola Samtástica, menuda tontería —dijo, salpicándome la barbilla de gotas de saliva—. Eso no existe. Solo eres un pequeñajo con suerte.

—Tienes razón, McKelty —le contesté—. Soy un pequeñajo y tengo suerte. Pero he ganado, fíjate.

Dicho esto, le enseñé la medalla de oro. Un reflejo de la bola de espejos que colgaba del techo cayó sobre ella y un rayo de luz dorada bailó en la cara de McChinche.

—Nick, seguro que la tuya también se ve muy chula a la luz —comentó Ashley.

—Uy, perdón —tercié yo—, pero si es que tú no tienes medalla... Qué pena.

—Bueno, siempre puedes volver a intentarlo el año que viene, cuando repitas cuarto —añadió Frankie.

Cogí mi copa de helado y la choqué con las de Frankie y Ashley. McChinche se fue hecho una furia en dirección al mostrador del alquiler de zapatos, donde le esperaba su padre. Lo último que vi antes de girarme de nuevo hacia la mesa fue que estaba rociando con desodorante un par de zapatos de bolera rojos y dorados del número 42. Se le da muy bien. La verdad es que todos servimos para algo en esta vida...

—Esto se merece un brindis —dije, y levanté la copa en el aire. Muy alto, por desgracia. Muy, muy alto.

Tengo que decir una cosa sobre las copas rebosantes de helado, y es que, cuando las agitas en el aire, las bolas de arriba se pueden caer y pueden aterrizar con un *chof* encima de tus pantalones. En la zona que rodea la bragueta, concretamente.

Cuando miré el helado, que se extendía como una mancha de aceite sobre mis pantalones, parecía claramente otra cosa. Lamento decirlo, pero la cruda realidad es que daba toda la impresión de que me había hecho pis encima.

Si ya me resultaba vergonzoso que mi madre me lanzara un beso en público, imaginaos cómo me sentí cuando vi que sus manos se acercaban a mí con una servilleta.

—¡Mamá! —exclamé—. ¡Quieta ahí! ¡Piensa bien lo que haces!

Ella se quedó helada. Yo me quedé helado. Mi bragueta se quedó helada.

Ese helado estaba helado.

CAPÍTULO 27

DIEZ FORMAS DE ESCAPAR DE UNA BOLERA CUANDO TIENES LOS PANTALONES MOJADOS DE HELADO

1. Llévate las manos a la barriga, dobla el cuerpo para fingir que estás a punto de vomitar y sal corriendo.

2. Haz como si buscaras una moneda que se te ha caído al suelo y gatea hasta la salida.

3. Coge los helados de tus amigos y tíratelos encima, y luego dile a la gente que te han invitado a una fiesta de disfraces y que vas de helado de *tutti frutti*.

4. Sácate la camiseta de los pantalones, bájatela hasta las rodillas y vete saltando como un canguro.

5. Sal rodando por la pista de bolos. Coge carrerilla, lánzate en plancha y deslízate por la pista con los brazos por delante. Huye por el foso, al otro lado de los bolos. Esto es un poco peligroso, o sea, que no lo hagas excepto en caso de

extrema necesidad. Y nunca olvides lo de estirar bien los brazos antes de chocar con los bolos.

La verdad es que podría aumentar la lista, pero como en ese momento Papá Pete me pidió otra copa de helado, tendréis que acabarla vosotros solitos. Ya me contaréis qué se os ha ocurrido.

Por cierto, ¿os he dicho que me han dado una medalla? Para mí que es de oro de verdad. Pero, aunque no lo sea, no podría estar más orgulloso.

ÍNDICE

Capítulo 1 9
Capítulo 2 19
Capítulo 3 21
Capítulo 4 27
Capítulo 5 39
Capítulo 6 51
Capítulo 7 59
Capítulo 8 67
Capítulo 9 69
Capítulo 10 75
Capítulo 11 83
Capítulo 12 89
Capítulo 13 91
Capítulo 14 95
Capítulo 15 105
Capítulo 16 111
Capítulo 17 121
Capítulo 18 127
Capítulo 19 129
Capítulo 20 133
Capítulo 21 141
Capítulo 22 147
Capítulo 23 155
Capítulo 24 167
Capítulo 25 173
Capítulo 26 175
Capítulo 27 183

EL ILUSTRADOR

Santy Gutiérrez nació en Vigo, vive en A Coruña y se dedica al dibujo desde 1993. Colabora en periódicos, revistas y muchas editoriales y es fundador del Estudio Baobab y presidente de la Asociación Gallega de Profesionales de la Ilustración. Santy está deseando seguir ilustrando los líos en los que se mete Sam.

LOS AUTORES

Henry Winkler nació en Nueva York, como Sam, y su cara os sonará porque, además de escritor, es actor de cine y televisión. Ha dado charlas por todo el mundo, tiene una estrella en el Paseo de la Fama de Hollywood y ha recibido el título de caballero en Francia. Pero de lo que está más orgulloso es de los libros de Sam Zipper, que en parte están basados en lo que le pasaba a él cuando iba al cole.

Lin Oliver nació en Los Ángeles, California, y es escritora y productora de cine y televisión. Además, es fundadora y directora de la Asociación de Escritores e Ilustradores de Libros para Niños. Le encantan los sándwiches de atún y queso fundido, los niños curiosos y todos los deportes de raqueta. ¿Y qué opina de Sam? Pues que es un crack incomprendido...

¡SIGUE A SAM!

Cataratas a domicilio

¿Cómo es posible que el primer día de clase Sam termine en el despacho del director, y encima con la misión de escribir una redacción de cinco párrafos sobre lo que hizo en verano? Horrorizado ante la perspectiva de tener que escribir tanto, pero tanto, taaaaanto, Sam decide *hacer* lo que hizo en verano. Así que construye una maqueta de las cataratas del Niágara y se va a clase con ella. Pero entonces comienzan los problemas, claro…

Suspenso en salami

La peor pesadilla de Sam se ha hecho realidad: ha llegado el día de la entrega de notas y le han caído varios cates… ¿Cómo puede librarse del castigo que sus padres le van a poner sí o sí? Pues triturando los suspensos y convirtiéndolos en un salami con el que la madre de Sam piensa triunfar en el mercado. Pero ¿quién puede triunfar con un salami que sabe a papel? Sam tiene que eliminar ese salami como sea, así que se le ocurre un plan genial…

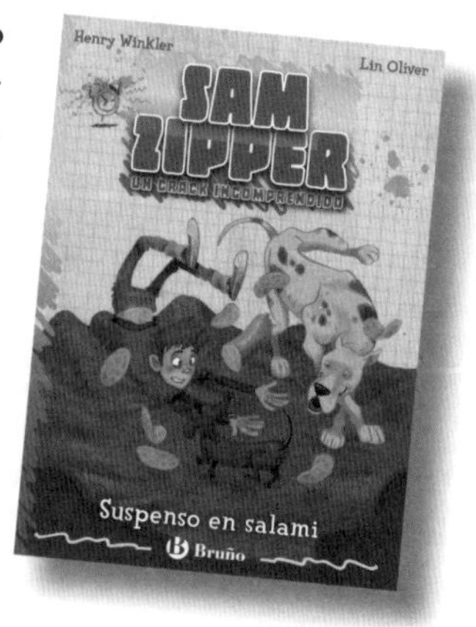

Una iguana en calzoncillos

Sam ha encontrado el tema perfecto para su trabajo de ciencias: desmontará el descodificador de la tele para descubrir todos sus secretos. Pero, una vez desmontado, ¿quién es capaz de volver a montar ese cacharro? Sam no, desde luego. Y por si eso fuera poco, *Catalina,* la iguana de Emily, se ha puesto unos calzoncillos y se ha instalado en el descodificador. Sam necesita ayuda urgente si no quiere pasar castigado el resto de su vida....